二木繁美
きずなのパンダ
「日本一」の頑張《がんば》り屋《や》さん・
復興《ふっこう》を後押《あとお》ししたアイドル
タンタン

目《もく》次《じ》

おいしい
のはどれ？

むしゃ
むしゃ

タンタンの足あと

1

神戸《こうべ》にパンダがやってきた

大切なお客様《きゃくさま》

２０００年の7月16日の夜。

夏もはじまったばかりでむっと暑《あつ》いなか、閉園《へいえん》時間をとっくに過《す》ぎて暗《くら》くなった神戸《こうべ》市立《しりつ》王子《おうじ》動物園《どうぶつえん》入り口に、近所《きんじょ》の人たちがたくさん集《あつ》まっていま す。

何を見ようというのでしょう。

何を待《ま》っているのでしょう。

じつはこの日に到着《とうちゃく》するのは、中国からのかわいい大使《たいし》・ジャイアントパンダ！

人々《ひとびと》は今か今かとジャイアントパンダの到着《とうちゃく》を待《ま》ちわびていたのです。

タンタンの足あと 1

いよいよパンダを乗《の》せた専用《せんよう》トラックが到着《とうちゃく》。

「パンダが来たぞ!」

待《ま》っていた人たちからワッと拍手《はくしゅ》が起《お》こりました。

そしてトラックはみんなに見《み》送《おく》られながら、そのまま園の中へと消《き》えていきました。

パンダ館《かん》の近くに止まったトラックに動物園《どうぶつえん》のスタッフが駆《か》け寄《よ》り、手際《てぎわ》よくドアを開《あ》けます。ケージには、パンダのマークが。

事前《じぜん》の打《う》ち合わせ通り、重《おも》たいケージを4人がかりで持《も》って、ぶつけないように、驚《おどろ》かさないように、そっと下ろします。

飼育員《しいくいん》の坂本健輔《さかもとけんすけ》さんも、ドキドキしながら、中をのぞきます。1頭ずつ入ったケージの中から、緊張《きんちょう》したような目が、こちらをじっと見ています。

じつはパンダは最初《さいしょ》、春頃《ごろ》に来る予定《よてい》でした。

それが、春が過《す》ぎて夏になっても来ず、坂本《さかもと》さんはパンダ館《かん》の掃除《そうじ》やパンダ団子《だんご》作り用の蒸《む》し器《き》を用意《ようい》するなどの準備《じゅんび》をしながら、2頭が来るのを今か今かと待《ま》っていたのでした。

そのあとは4人がかりでケージを下ろして、ハンドリフトに乗《の》せてパンダ館《かん》へと運《はこ》び、2頭をそれぞれ別《べつ》の寝室《しんしつ》の中へはなしました。

そ〜っと寝室《しんしつ》をのぞいて、まずはひと安心《あんしん》。

「よし、そんなに興奮《こうふん》してはいないみたいだぞ」

人の姿《すがた》が見えると、多くの動物《どうぶつ》は興奮《こうふん》してしまいますが、タンタンとコウは少し怖《こわ》がる様子《ようす》は見えたものの、落《お》ち着《つ》いて移動《いどう》してくれました。

最初《さいしょ》は2頭とも知らない場所《ばしょ》を警戒《けいかい》したのか、ウロウロと歩きまわり、せわしなく匂《にお》いを嗅《か》いでいました。

飼育員《しいくいん》さんたちは、2頭のために、孟宗竹《もうそうちく》、淡竹《はちく》、真竹《まだけ》と3種類《しゅるい》の竹を用《よう》意《い》しましたが、竹には目もくれない様子《ようす》を見て、坂本《さかもと》さんは「中国の人は『日本の竹は、とてもいい』と言ってくれたけど、大丈夫《だいじょうぶ》だろうか」と少し不安《ふあん》になってきました。

1時間ほどすると落《お》ち着《つ》いたのか、それともおなかがすいたのか、用意《ようい》された竹を食べはじめました。

「日本の竹を気に入ってくれたみたいでよかった」

2頭のためについてきてくれた、ふたりの中国人スタッフもほっとした様子《ようす》です。

翌日《よくじつ》には2頭とも落《お》ち着《つ》いて、すぐに日本の飼育員《しいくいん》さんの手からエサを食べてくれました。

「いらっしゃいパンダさん！」

みんなを元気《げんき》づけるためにやってきた2頭に、園は歓迎《かんげい》ムードに包《つつ》まれました。

公開《こうかい》がはじまったときは夏で暑《あつ》かったため、最初《さいしょ》は空調《くうちょう》の効《き》いた室内のみで過《す》ごしていました。でも、中国の飼《し》育員《いくいん》さんの「少しでも外に出してあげた方がいい」というアドバイスのもと、開園《かいえん》前の朝の涼《すず》しいときに、1時間だけ外に出してあげることにしました。

外へ出ると、若《わか》い2頭は元気いっぱいに遊《あそ》びはじめました。

タンタンもやりたい放題《ほうだい》。タイヤをプールにぶん投《な》げ、土の上をゴロゴロと転《ころ》がり、部屋《へや》に帰るときには土だら

けに。

お客《きゃく》さんにも「パンダって、茶色いんだね」と言われる始末《しまつ》です。

「元気すぎるパンダが来ちゃったなぁ」と、坂本《さかもと》さんも困《こま》り顔。

暴《あば》れん坊《ぼう》な2頭を見て、最初《さいしょ》は同じ運動場《うんどうじょう》に入るのも怖《こわ》かったそうですが、中国の飼育員《しいくいん》さんたちの指導《しどう》のもと、だんだんお世話《せわ》ができるようになりました。

こうしてタンタンとコウコウは、神戸《こうべ》での生活に慣《な》れていったのです。

その名は「短短《タンタン》」!?

2頭の中国での名前は、オスが「錦竹《チンズー》」、メスが「爽爽《シュウンシュウン》」でした。

タンタンの足あと 1

「みんなが親しみやすい名前をつけたい」という神戸市《こうべし》の要望《ようぼう》で、呼《よ》びやすい愛称《あいしょう》が公募《こうぼ》されました。

オスは復興《ふっこう》の興《こう》の字から「興興《コウコウ》」。メスは新しい世紀《せいき》の幕開《まくあ》けを意味《いみ》する「旦旦《タンタン》」に決《き》まりました。

じつはこのとき、メスの名前で応《おう》募《ぼ》が多かったのが「短短《タンタン》」でした。どうも、名前の募集《ぼしゅう》のときに書いた「あしが短《みじか》い」という特徴《とくちょう》から、みんなその名前を想像《そうぞう》したようです。タンタンが聞いたら、「短《みじか》いだなんて、失礼《しつれい》しちゃうわ！」と怒《おこ》ったか

もしれませんね。ステキな漢字《かんじ》を当ててもらって、よかったですね。

コウコウとタンタンは、野生をはじめ、たくさんのパンダがいる中国の四《し》川省《せんしょう》からやって来ました。

このころ日本でパンダが見られたのは、東京都《とうきょうと》にある恩賜上野動物園《おんしうえのどうぶつえん》と和《わ》歌山県《かやまけん》のアドベンチャーワールドの2箇所《かしょ》だけ。とてもめずらしい動物《どうぶつ》だったのです。

それには、理由《りゆう》がありました。

かつて、野生のパンダは生息環境《せいそくかんきょう》の森林伐採《ばっさい》や地球温暖化《ちきゅうおんだんか》、狩猟《しゅりょう》などによって、IUCN（国際自然保護連合《こくさいしぜんほごれんごう》）発表《はっぴょう》のレッドリスト（絶滅《ぜつめつ》のおそれのある野生生物《せいぶつ》のリスト）で、EN（絶滅危惧種《ぜつめつきぐしゅ》）に指定《してい》されるほど数が少なくなっていました（※2016年に生息地《せいそくち》の保全活動《ほぜんかつどう》によりVU（危急種《ききゅうしゅ》）へ引き下げられました）。

そこで、パンダの数を増《ふ》やすため、中国と協力《きょうりょく》し、繁殖研究《はんしょくけんきゅう》や飼育技術《しいくぎじゅつ》向《こう》上《じょう》のための調査研究《ちょうさけんきゅう》をする「共同飼育繁殖研究《きょうどうしいくはんしょくけんきゅう》」を目的《もくてき》に、特別《とくべつ》な契約《けいやく》を結《むす》んだときだけ、中国からパンダを借《か》りることができるようになったのです。ちなみに世界《せかい》ではじめてこの共同研究《きょうどうけんきゅう》を行ったのは、和歌山《わかやま》のアドベンチャーワールドでした。

1972年に上野動物園《うえのどうぶつえん》へはじめてやってきたパンダは、日中国交正常《せいじょう》化《か》を記念《きねん》して、中国人民《ちゅうごくじんみん》から日本のみんなへと贈《おく》られました。その頃《ころ》の中国は、ワシントン条約《じょうやく》に加盟《かめい》していなかったため、パンダの贈《ぞう》与《よ》が可能《かのう》だったのです。

ワシントン条約《じょうやく》とは、絶滅《ぜつめつ》のおそれがある野生動植物《どうしょくぶつ》の種《しゅ》の国際取引《こくさいとりひき》に関《かん》する条約《じょうやく》で、中国は1981年に加盟《かめい》しました。

タンタンとコウコウが来たのは加盟《かめい》後のことだったため、繁殖研究《はんしょくけんきゅう》のための貸出《かしだし》として、オスとメスのペアでやって来ることになったのです。

パンダが日本に来た理由《りゆう》

ジャイアントパンダは中国で「国宝《こくほう》」とも呼《よ》ばれる大切な動物《どうぶつ》です。そのため、繁殖《はんしょく》や研究《けんきゅう》が目的《もくてき》としても、なかなか簡単《かんたん》に貸《か》し出してくれるものではありません。

そんなパンダが、なぜ神戸《こうべ》にやってきたのでしょう。それにはさまざまな理由《りゆう》がありました。

じつは、神戸市《こうべし》と中国の天津市《てんしんし》は1973年に日中初《はつ》の友好都市提携《ゆうこうとしていけい》を結《むす》んでいます。

友好都市提携《ゆうこうとしていけい》とは、お互《たが》いの地域《ちいき》の発展《はってん》を目的《もくてき》として、教育《きょういく》や文化《ぶんか》、経済《けいざい》などさまざまな分野で交流《こうりゅう》するというものです。

提携《ていけい》してまもない1976年。中国で起《お》きた「唐山地震《とうざんじしん》」で、天津市《てんしんし》も被《ひ》災《さい》してしまいました。

中国にいた、たくさんの外国人が国外へと逃《に》げる中、同じように中国にいた神戸《こうべ》市《し》の建設局《けんせつきょく》の人たちは「いっしょに頑張《がんば》ろう」と、復興《ふっこう》を手伝《てつだ》うために現地《げんち》に残《のこ》ったのです。

この出来事《できごと》をきっかけに、神戸《こうべ》は天津市《てんしんし》にとって、大

切な老朋友《ラオパンヨウ》（中国語で古くからの信頼《しんらい》できる友達《ともだち》）となりました。

そして天津市《てんしんし》からは動物交流《どうぶつこうりゅう》の一環《いっかん》として、1976年から1990年代《ねんだい》のはじめまで、毎年のように王子動物園《おうじどうぶつえん》と天津動物園《てんしんどうぶつえん》の間で珍《めずら》しいサルやキジなどの動物使節《どうぶつしせつ》がお互《たが》いに送《おく》られるようになりました。

中国三大珍獣《ちんじゅう》の1つでもあるキンシコウも借《か》り受《う》け、世界《せかい》ではじめて中国以外《いがい》での繁殖《はんしょく》にも成功《せいこう》しました。

1981年に神戸港沖《こうべこうおき》の人工島《じんこうとう》・ポートアイランドの完成《かんせい》を記念《きねん》して行われた博覧会《はくらんかい》「ポートピア'81」にも、天津動物園《てんしんどうぶつえん》から2頭のパンダがやって来ました。6か月間と短《みじか》い間ではありましたが、その2頭の飼育《しいく》を担当《たんとう》したのが、王子動物園《おうじどうぶつえん》の飼育員《しいくいん》と獣医師《じゅういし》だったのです。このときは神戸市《こうべし》と老朋友《ラオパンヨウ》である天津市《てんしんし》が、これまでの交流《こうりゅう》と強い絆《きずな》によって、パンダの誘致《ゆうち》を全面的《ぜんめんてき》にバックアップしてくれました。

こういった交流《こうりゅう》もあり神戸市《こうべし》は、王子動物園《おうじどうぶつえん》でパンダの日中共同研究《きょうどうけんきゅう》をしたいと、かねてから中国側《がわ》と交渉《こうしょう》していました。

パンダは中国で「国家第《だい》1級《きゅう》保護《ほご》動物《どうぶつ》」に指定《してい》され、国外への搬出《はんしゅつ》についても国の許可《きょか》が必要《ひつよう》となります。

しかし、天津市《てんしんし》は「神戸《こうべ》の人々《ひとびと》の願《ねが》いを叶《かな》えたい」という思いを胸《むね》に、中国政府《せいふ》へ根気強《こんきづよ》く働《はたら》きかけました。

中国の人々《ひとびと》は、朋友《パンヨウ》（友達《ともだち》）をとても大切にするのです。

日本のみんなを元気づけたい

そんななか、大きな転機《てんき》が訪《おとず》れます。

1995年1月17日5時46分。

淡路島北部《あわじしまほくぶ》を震源《しんげん》とした阪神《はんしん》・淡路大震災《あわじだいしんさい》が発生《はっせい》したのです。

神戸市《こうべし》でも震度《しんど》7を記録《きろく》し、家屋《かおく》や鉄道《てつどう》、水道やガスなどのライフラインが被害《ひがい》を受《う》け、たくさんの死者《ししゃ》や行方不明者《ゆくえふめいしゃ》が出ました。

こどもたちの楽しそうな声が響《ひび》いていた王子動物園《おうじどうぶつえん》も、自衛隊《じえいたい》の救護活動《きゅうごかつどう》の拠点《きょてん》や、亡《な》くなった方の遺体安置所《いたいあんちしょ》になりました。

少しずつ地震《じしん》からの復興《ふっこう》が進《すす》む中、神戸市《こうべし》は「震災復興《しんさいふっこう》に取《と》り組む神戸市《こうべし》民《みん》や、親しい人や親を亡《な》くして、心が傷《きず》ついたこどもたちを元気づけたい」と、中国側《がわ》にパンダの貸出《かしだし》を要望《ようぼう》しました。

ここからは前にお話ししたとおり、天津市《てんしんし》の協力《きょうりょく》もあり、「神戸《こうべ》の人々《ひとびと》を元気づけることができるなら」と、中国側《がわ》がその思いに応《こた》える形で、コウコウとタンタンの来日が決定《けってい》。

「かわいいパンダに会いたい！」と、公開初日《こうかいしょにち》には一般公開《いっぱんこうかい》の1時間前から行列《ぎょうれつ》ができ、ふだんの5倍《ばい》にもなる約《やく》5千人もの人が詰《つ》めかけた、というわけなのです。

タンタンの初代担当《しょだいたんとう》でもある、飼《し》育員《いくいん》の兼光秀泰《かねみつひでやす》さんは「中国からふ

たりの飼育員《しいくいん》さんたちがついてきてくれたから、まったく心配《しんぱい》なく飼育《しいく》をはじめることができたんだ」と話します。

2頭の来園当時はパンダに関《かん》する資料《しりょう》も少なく、いろいろ不安《ふあん》なこともありました。そのため、わざわざ中国から、飼育員《しいくいん》さんたちが日本までついてきてくれたのです。

そこから毎年、発情《はつじょう》と妊《にん》

娠《しん》の時期《じき》の2回、中国から飼育担当《しいくたんとう》の人がやってきて、パンダの飼育《しいく》をサポートしてくれました。

慣《な》れた飼育員《しいくいん》さんがそばにいることは、タンタンたちにとっても心強いことでした。

「仕事《しごと》が終《お》わったら、私《わたし》らはただの友達《ともだち》だった。一緒《いっしょ》に釣《つ》りに行ったりしたね。みんないい人で、今もつき合いが続《つづ》いているよ」と、話す兼光《かねみつ》さん。パンダの存在《そんざい》によって、日中の飼育員《しいくいん》さんたちも、お互《たが》いがかけがえのない朋《パン》友《ヨウ》になっていったのです。

パンダ来園で盛《も》り上がる近くの商店街《しょうてんがい》では「神戸《こうべ》パンダ音頭《おんど》」が作られ、パンダ館《かん》でも流《なが》されました。

パンダデザインの電車やバスも走り、動物園《どうぶつえん》の入園者《にゅうえんしゃ》も前年度《ぜんねんど》の約《やく》2倍《ばい》の198万人に。

これは、今でも抜《ぬ》かれていない最高入園記録《さいこうにゅうえんきろく》なのだそうです。

地震《じしん》から5年、いまだ復興《ふっこう》半ばだった神戸《こうべ》の街《まち》が、コウコウとタンタンがやって来たことによって、さらに活気にあふれ、復興《ふっこう》に向《む》けて歩んでいくことができたのです。

タンタンの足あと

2

初代《しょだい》コウコウの帰国

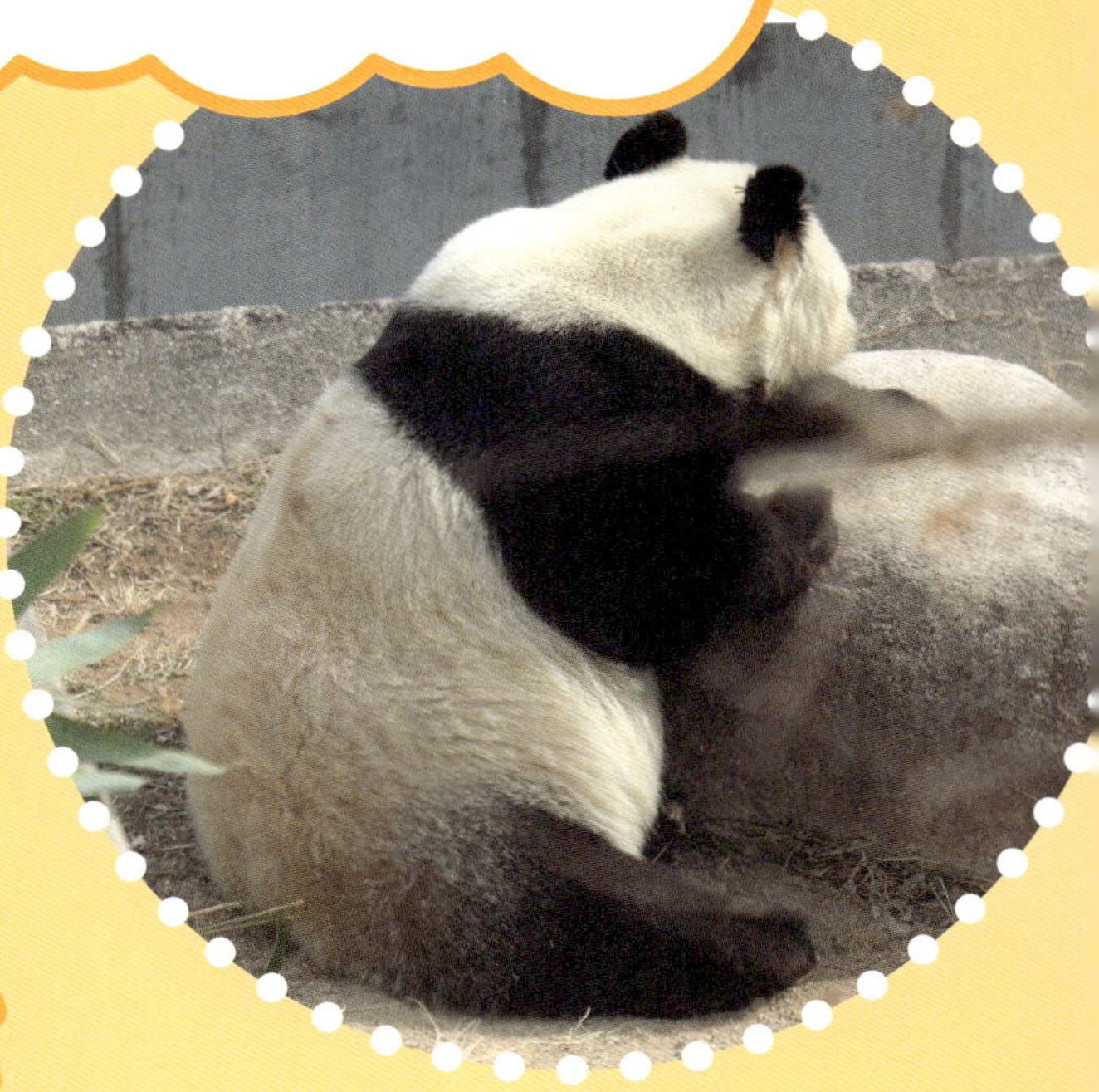

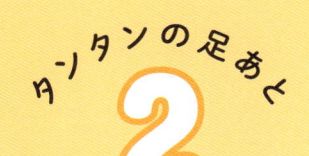

発育《はついく》不全《ふぜん》だった!? 初代《しょだい》コウコウ

パンダも恋《こい》をします。それはこんなはじまりでした。

2頭がやってきた次《つぎ》の年、2001年の4月。

5歳《さい》になっていたタンタンに発情期《はつじょうき》がやって来ました。パンダのメスは4歳《さい》から5歳《さい》くらいで子どもを産《う》める体になります。タンタンはちょうどお年頃《ごろ》。恋《こい》の季節《きせつ》を迎《むか》えていたのです。

パンダの発情期《はつじょうき》は3月から5月頃《ごろ》で、年に1回しかありません。発情期《はつじょうき》のメスは、いろいろな場所《ばしょ》に体をこすりつけて、じぶんのにおいをつけたり、恋《こい》鳴きと呼《よ》ばれる「メェ～」とヤギのような声をだしたりします。

飼育員《しいくいん》さんたちはタンタンのおしっこから、ホルモンを検査《けんさ》して、タンタンが発情《はつじょう》していることを確信《かくしん》していました。

一方、コウコウの方には、ちっともそんなそぶりが見られません。

タンタンのアピールをよそに、のんびりと竹をモグモグ。

これには飼育員《しいくいん》さんたちも困《こま》ってしまいました。「コウコウは若《わか》すぎて、まだタンタンに興味《きょうみ》がないのかな？」とも思いましたが、メスのパンダの発《はっ》情期《じょうき》のピークは年に2～3日と短《みじか》く、これを逃《のが》すと次《つぎ》のチャンスは1年後になってしまいます。

「一刻《いっこく》も早く赤ちゃんを産《う》んで欲《ほ》しい」

それがみんなの願《ねが》いです。

「タンタンの準備《じゅんび》は万全《ばんぜん》なのに、これでは子どもを産《う》

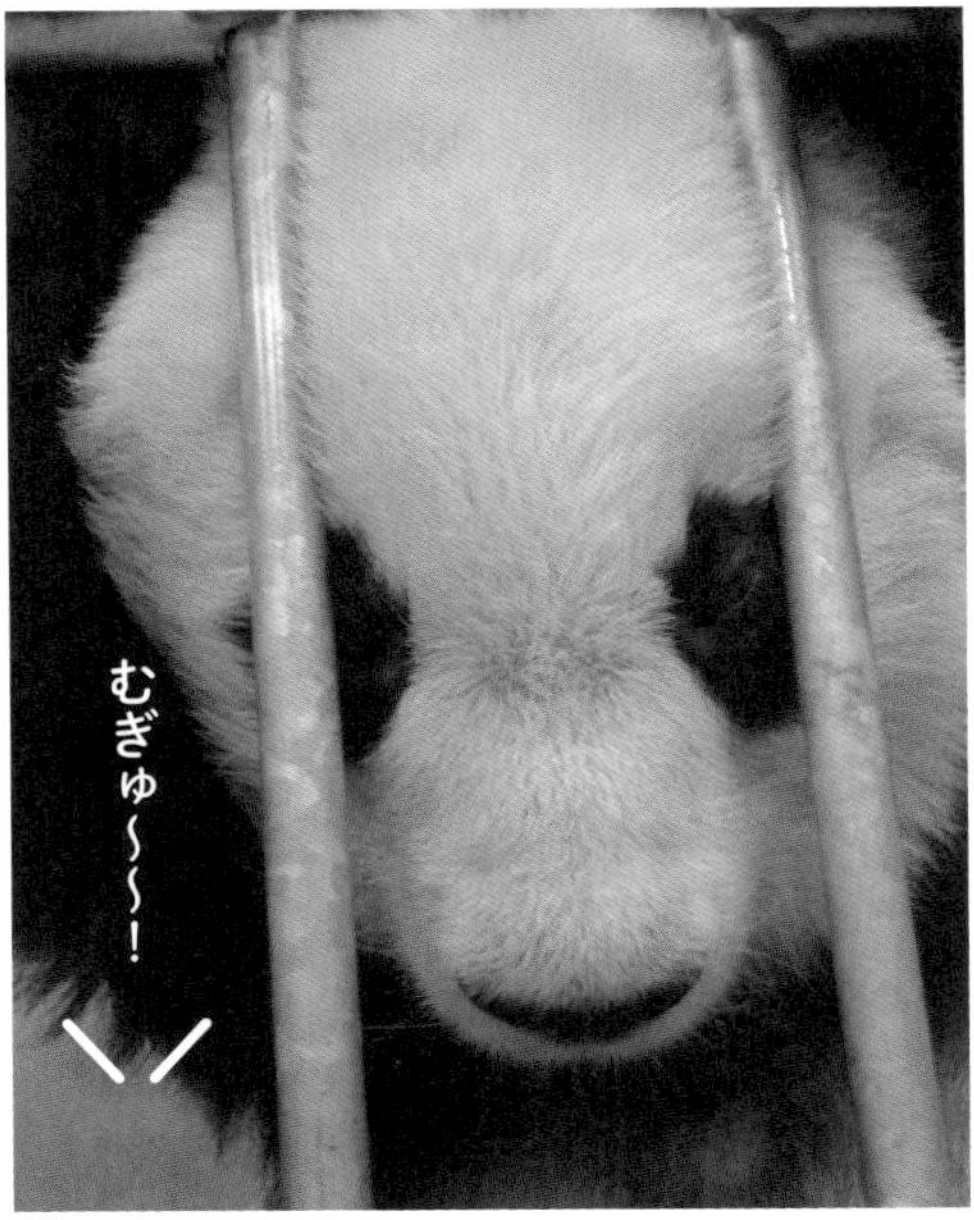

むという繁殖研究《はんしょくけんきゅう》の目的《もくてき》が果《は》たせないよね」

飼育員《しいくいん》さんも心配《しんぱい》です。

繁殖研究《はんしょくけんきゅう》では、この1年を逃《のが》してしまうことは大きな痛手《いたで》となるのです。

それどころか、翌年《よくねん》もコウコウに発情《はつじょう》の兆候《ちょうこう》は見られません。

すっかりその気だったタンタンも、不満《ふまん》げに見えます。

とはいっても、コウコウをせめてはかわいそうです。コウコウはオスとしての発育《はついく》がうまく

いっていないことがわかったのです。中国側《がわ》と話をして「数年以内《いない》に繁殖能力《はんしょくのうりょく》が備《そな》わるとは考えにくい」という結論《けつろん》になりました。

こうして、初代《しょだい》コウコウと新しいオスを交代《こうたい》させることになりました。とても愛《あい》されたコウコウのお別《わか》れ会にはたくさんの人が詰《つ》めかけました。

「遠い日本まで来てくれてありがとう、中国へ帰っても元気でね」

近くの幼稚園《ようちえん》の園児《えんじ》たちがパンダの歌を大合唱《がっしょう》し、竹の先につけたリンゴがプレゼントされました。

たくさんの人にびっくりしたのか、タンタンも柵《さく》越《ご》しにコウコウの方を見つめています。王子《おうじ》動物園《どうぶつえん》にいたのは2年4か月。

たくさんの人に惜《お》しまれながら、コウコウは中国へと帰っていきました。

2代《だい》目《め》コウコウがやって来た

初代《しょだい》コウコウが中国に帰った同じ

タンタンの足あと
2

2002年に、新しいオスがやってきました。

名前は龍龍《ロンロン》。日本での名前はコウコウ。2代目《だいめ》のコウコウです。

ロンロンはコウコウと父親が同じ異母《いぼ》兄弟。タンタンより体は大きいけれど、とてもやさしいパンダでした。

性格《せいかく》もおっとりとしていて、飼《し》育員《いくいん》さんたちにもすぐになじんだようです。

コウコウのお世話《せわ》をしたことがある飼育員《しいくいん》の梅元良次《うめもとりょうじ》さんは、

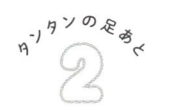

「エサの時間が近づくと『ごはんまだですか？』っていうみたいに、ひょっこり顔を出す様子《ようす》がとてもかわいかった」

と話します。

そんなこともあって、2代目《だいめ》コウコウには、みんなが大きな期待《きたい》をかけていました。

早いうちから、交尾《こうび》のための訓練《くんれん》も行っていました。

訓練《くんれん》に必要《ひつよう》なのは、部屋《へや》の高い所《ところ》につけられた細長いニンジン。

コウコウがそれを取《と》るために立ち

上がることで、足腰《あしこし》が鍛《きた》えられるのです！

いよいよ繁殖期《はんしょくき》になると、中国から繁殖《はんしょく》の経験《けいけん》が豊富《ほうふ》な獣医師《じゅういし》さんと飼育《しいく》員《いん》さんも来園し、慎重《しんちょう》にタンタンの発情期《はつじょうき》の見極《みきわ》めが行われました。

まずは、朝一番にタンタンの尿《にょう》を採集《さいしゅう》して動物病院《どうぶつびょういん》のホルモン検査《けんさ》へと回します。

それからタンタンを台の上に座《すわ》らせて、発情《はつじょう》の兆候《ちょうこう》が現《あらわ》れているか観察《かんさつ》します。

そして、動《うご》きや鳴き声など、昼間の行動《こうどう》と照《て》らし合わせて時期《じき》を見極《みきわ》めるのです。

「よし、小鳥鳴きが出てきたぞ」

メスは、恋《こい》鳴きと呼《よ》ばれるメェ～という声からはじまって、ピークになると小鳥鳴きと呼《よ》ばれる甲高《かんだか》い声を出します。

飼育員《しいくいん》さんたちの間にも緊張《きんちょう》がはしります。

「いまがちょうど発情《はつじょう》のピークだ！」

小鳥鳴きを耳にした飼育員《しいくいん》さんたちは、これにホルモンや細胞《さいぼう》のデータを照《て》らし合わせて、中国のスタッフと話し合いました。

そして、交尾《こうび》のために急《きゅう》きょ、この日から3日間、パンダの公開《こうかい》を中止としたのです。

コウコウ怒《おこ》られる

パンダは通常単独《つうじょうたんどく》で生活するため、コウコウとタンタンも普段《ふだん》は別《べつ》の部屋《へや》で生活していています。

そして交尾《こうび》のときだけ、２頭を同居《どうきょ》させるために、飼育員《しいくいん》さんが遠隔操作《えんかくそうさ》で２頭の部屋《へや》を仕切《しき》る扉《とびら》を開《あ》けます。

「さぁ、頑張《がんば》れよコウコウ！」

２００３年はコウコウが来てはじめての発情期《はつじょうき》。

飼育員《しいくいん》さんの言葉《ことば》にも自然《しぜん》と力が入ります。

するとコウコウは、ゆっくりとタンタンの部屋《へや》へと入っていきました。

タンタンを見つけたコウコウは、近づいてそのままタンタンの腰《こし》に前あしを乗《の》せ、交尾《こうび》の体勢《たいせい》に入ります。

部屋《へや》の上にあるキャットウォークと呼《よ》ばれる通路《つうろ》から、飼育員《しいくいん》さんたちが見守《みまも》ります。

（よし！　そのまま！　頑張《がんば》れ！）

そう思って息《いき》をのみますが、なかなかうまくいきません。

コウコウが乗《の》っかると、タンタンは後ろを振《ふ》り返《かえ》って「ガウッ！」と、かみつくようなそぶりを見せるのです。

多くの場合は、そのままオスを受《う》け入れるのですが、何かが神経質《しんけいしつ》なタンタンの怒《いか》りに触《ふ》れてしまったのかもしれません。

それでもコウコウは頑張《がんば》って、2回、3回と交尾《こうび》の姿勢《しせい》を取《と》りました。

兼光《かねみつ》さんは、このときのことを振《ふ》り返《かえ》り、

「タンタンの鳴き声は『ギャー』って激《はげ》しくて、そこで少しコウコウがひるんでしまったんだよね」

と話します。

そのうちにタンタンは、コウコウに向《む》かって、

「ワンッ！」

と一声ほえました。

まるで、

「近くにこないで！」

と言っているかのようでした。

発情期《はつじょうき》で気が立っているタンタンは、自分の場所《ばしょ》に入ってきたコウコウに対《たい》して、とても怒《おこ》っているようです。

　怒《おこ》られたコウコウはというと、気が強いタンタンにはかないません。

ガウッ!! 怒《おこ》るタンタン

シュンとしてそのままタンタンから離《はな》れてしまいました。

なんだか少しかわいそう……。

飼育員《しいくいん》さんたちも残念《ざんねん》そうにしています。

「オスは、やさしくて繊細《せんさい》なんだよね」

どっちにしろ、無理強《むりじ》いはよくありません。

パンダはするどい牙《きば》と爪《つめ》を持《も》っていますから、気が立ったまま一緒《いっしょ》にしていると、どちらかが大けがをしてしまうこともあります。

1年目の繁殖期《はんしょくき》はこうして、交尾《こうび》ができないまま終《お》わってしまいました。

そしてタンタンも妊娠《にんしん》はしていませんでした。


じつは、パンダもオスとメスの相性《あいしょう》がとても大切です。

人間並《にんげんな》みに異性《いせい》の好《この》みにうるさく、最初《さいしょ》の交尾《こうび》がうまくいかないと、次《つぎ》からもうまくいかないと言われています。

2代目《だいめ》コウコウがやってきてはじめての発情期《はつじょうき》には、タンタンもプレゼンティングという交尾《こうび》のための姿勢《しせい》を100回ほどとって、やる気満々《まんまん》でした。

しかし、その回数は次《つぎ》の年には半分、その次《つぎ》には10回程度《ていど》にまで減《へ》ってしまいます。

「タンタン、コウコウに飽《あ》きちゃったのかなぁ」

これぱかりは、飼育員《しいくいん》さんたちも頭をかかえました。

やさしいだけではダメだと言う

ことでしょうか。

こうして2頭の自然繁殖《しぜんはんしょく》は無理《むり》だと判断《はんだん》され、2頭を同居《どうきょ》させない人工授精《じゅせい》のみが継続《けいぞく》されました。

タンタンの足あと

3

上品《じょうひん》で気むずかしいタンタン

じつはとってもグルメ

交尾《こうび》のときに気が強いと言われたタンタン。

じつは竹に関《かん》しても、とってもうるさいのです。

エサの時間は1日6回。それだけでも大変《たいへん》そうですが、そのうえタンタンはグルメ。

来園当初《とうしょ》は2種類《しゅるい》ほどの竹を与《あた》えていたそうですが、タンタンのグルメっぷりに合わせてどんどん種類《しゅるい》が増《ふ》え、時期《じき》にもよりますが、最終的《さいしゅうてき》に全部《ぜんぶ》で8種類《しゅるい》ほどの竹を用意《ようい》していました。

竹を持《も》って来てくれるのは、同じ神戸市《こうべし》にある淡河町《おうごちょう》の自治《じち》協議会《きょうぎかい》の笹部《ささぶ》会《かい》のおじいさんたち。

いつの頃《ころ》からか、ファンには「竹取《たけとり》の翁《おきな》」と呼《よ》ばれていました。

たとえ前の週に気に入っても、同じ人が同じ場所《ばしょ》でとった竹でも食べないときもあります。

飼育員《しいくいん》の梅元《うめもと》さんも思わず肩《かた》を落《お》とします。

「そのへんがタンタンのむずかしいところだよね」

となりで作業《さぎょう》していた吉田憲一《よしだけんいち》さんもうなずきます。

竹取《たけとり》の翁《おきな》たちは、飼育員《しいくいん》さんたちと話しました。

「コウコウは何でも食べたから、タンタンがグルメなのに気づくのが遅《おく》

れてしまったよ」

気に入った竹がなかったから食べなかったタンタン。

おなかがすいて、夜に目が覚《さ》めてしまうことも。

そんなときには「しかたないわね……」といった様子《ようす》で、残《のこ》っている竹を食べていることもあるのだとか。

さすがのタンタンも空腹《くうふく》には勝《か》てないのですね。


もちろん、そのときどきで、お気に入りの竹もありました。

梅元《うめもと》さんによると、

「矢竹《やだけ》をたくさん食べたから、同じように葉《は》っぱが大きな、根曲竹《ねまがりたけ》をあげたらたくさん食べてくれました」

このときの根曲竹《ねまがりたけ》は、朝、梅元《うめもと》さんが園内でとってきたもの。とれたて新鮮《しんせん》だから、タンタンも気に入ったのかもしれませんね。

中国でも気《き》むずかしい

グルメだけでなく、さらには意固地《いこじ》でもある、タンタン。

中国でタンタンを担当《たんとう》していた飼育員《しいくいん》さんも、

「爽爽《シュワンシュワン》は、とても気むずかしい」

と話していたそうです。

爽爽《シュワンシュワン》は、タンタンが中国にいたときの名前です。

意固地《いこじ》タンタン

飼育員《しいくいん》の兼光《かねみつ》さんによると、お迎《むか》え準備《じゅんび》のために、タンタンの世話《さわ》をしに2週間ほど中国へ渡《わた》ったときにも、タンタンはなかなか心を開《ひら》いてくれなかったのだとか。

「中国人の飼育員《しいくいん》に『あれが日本へ行くパンダだ』と言われて見に行くと逃《に》げちゃって。その頃《ころ》、中国の基地《きち》には40頭ほどのパンダがいたんだけど、ほかのパンダはみんな知らない人間に興味《きょうみ》を持《も》って寄《よ》ってくるのに、そのパンダだけはエサを持《も》っても近くに寄《よ》ってこない。神経質《しんけいしつ》で怖《こわ》がりなんだなと思ったよ」

人見知りをして寄《よ》ってこなかった、このパンダこそ、タンタンなのでした。

中国にいた2週間の間は、現地《げんち》の飼育員《しいくいん》さんに「繁殖《はんしょく》には、メスとのコミュニケーションが大切だから」と言われ、つきっきりでお世話《せわ》をしました。それでも、タンタンは一度《いちど》も目の前でエサを食べることがなかったそうです。

ただ日本にやってきた頃《ころ》には、ある程度《ていど》は人にも慣《な》れていたそうですし、年齢《ねんれい》を経《へ》て、大らかになった部分《ぶぶん》もあります。

お世話《せわ》をするようになってから、タンタンのことが大好《だいす》きになったという兼光《かねみつ》さんは、こう言って笑《わら》います。

「タンタンの担当《たんとう》を外れてからもたまに様子《ようす》を見に来たけど、神経《しんけい》質《しつ》で怖《こわ》がりなところは変《か》わらなかったな」

最初《さいしょ》は知らんぷり

飼育員《しいくいん》の梅元良次《うめもとりょうじ》さんと吉田憲一《よしだけんいち》さんは、2024年にタンタンが亡《な》くなるまで担当《たんとう》していました。タンタンを担当《たんとう》した年は、梅元《うめもと》さんが2008年から、吉田《よしだ》さんが2009年からです。とてもふたりを信頼《しんらい》しているように見えたタンタンですが、担当《たんとう》になってすぐは素《そ》っ気なかったようです。

梅元《うめもと》さんは「それこそ、いつも来ているお客《きゃく》さんと、変《か》わらないくらいじゃないかなぁ」。

吉田《よしだ》さんに至《いた》っては「最初《さいしょ》の頃《ころ》のことはあんまり覚《おぼ》えてないなぁ」と話します。

最初《さいしょ》はきっと、印象《いんしょう》に残《のこ》るほどコミュニケーションが取《と》れていなかったのでしょうね。

ふたりは担当《たんとう》になることが決《き》まってから、タンタンに覚《おぼ》えてもらえるよう、積極的《せっきょくてき》にコミュニケーションを取《と》るようにしました。

梅元《うめもと》さんは休憩《きゅうけい》時間にも、タンタンの様子《ようす》を見に行きます。

「パンダはあまり目が良《よ》くないので、匂《にお》いと声で人を覚《おぼ》えるんです。なるべく覚《おぼ》えてもらえるようにと思って」

そこでコミュニケーションに欠《か》かせないのが、タンタンが大好《だいす》きなブラッシング。

パンダも、季《き》節《せつ》の変《か》わり目には毛

が抜《ぬ》ける量《りょう》も増《ふ》えてくるのだそうで、タンタンが自分で体をかいている姿《すがた》がみられます。

そんなときは秘密兵器《ひみつへいき》〝きいろ〟の出番。

黄色い柄《え》の犬用ブラシなのですが、歯《は》の部分《ぶぶん》が鉄《てつ》になっていて、人間にあてるとちょっと痛《いた》いくらい。

でも人間よりも皮膚《ひふ》が丈夫《じょうぶ》なタンタンには、とても気持《きも》ちの良《よ》い刺激《しげき》となり、毛が抜《ぬ》ける時期《じき》の健康管理《けんこうかんり》にもピッタリなのです。

パンダは猛獣《もうじゅう》ですから、ブラッシングも危険《きけん》がないようにケージ越《ご》しに行います。吉田《よしだ》さんはこのブラッシングが大得意《だいとくい》。吉田《よしだ》さんがきいろを手に取《と》ると、タンタンがいそいそと近づいてきます。ブラッシング中は、あまりの気持《きも》ちよさにポカーンと口を開《あ》けてしまうことも。

終《お》わったあとは「もう終《お》わりなの？」とでも言うように、何とも言えない

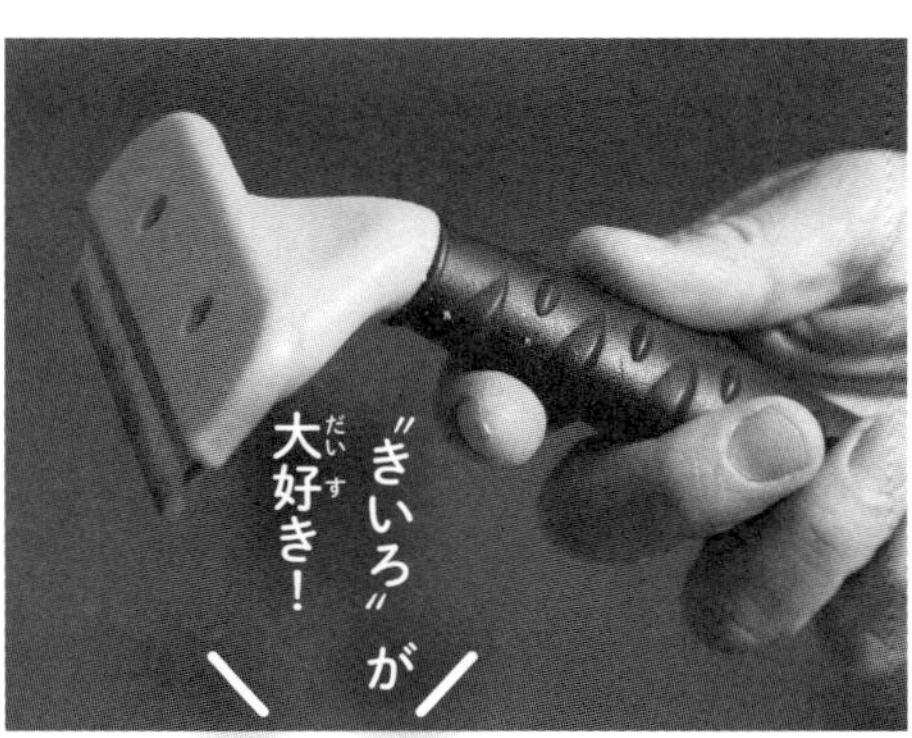

至福《しふく》なタンタン

表情《ひょうじょう》で吉田《よしだ》さんを見つめます。

そんな姿《すがた》を横目《よこめ》に見ながら「ブラッシングは、吉田《よしだ》さんの方が得意《とくい》なんだよね」と梅元《うめもと》さん。すると吉田《よしだ》さんが「ブラッシングしているときに、こう、頭を上げてね。『ここ、もっと！』ってやってくるのが、たまらないんだよね」と、ニカッと笑《わら》います。ふたりとも、タンタンが大好《だいす》きなんですよね。

ブラッシングのおかげで毛艶《けづや》のよいタンタン。観覧列《かんらんれつ》に並《なら》ぶお客《きゃく》さんからは「毛がツヤツヤだね、すごく大事《だいじ》にされているのね」という声が聞こえてきます。

でも、タンタンの身《み》だしなみはそれだけではありません。じつは前あしに、クリームを塗《ぬ》ってもらっているのです。

歩き方のクセなのか、しばらくすると前あしの外側《そとがわ》あたりの毛がすれるようになりました。

梅元《うめもと》さんも気づかっています。

「毛が薄《うす》くなってしまうと皮膚《ひふ》に傷《きず》がついてしまうので、そうならないために毎日クリームを塗《ぬ》って保護《ほご》しているんですよ」

塗《ぬ》っているのは動物用《どうぶつよう》の保湿《ほしつ》剤《ざい》です。

「最初《さいしょ》はワセリンを塗《ぬ》っていたんですけど、ベトッとするし、ニオイが気になってタンタンがなめてしまうので、このクリームに変《か》えました。かばって歩いたりしていないので、痛《いた》くはないと思いますよ」

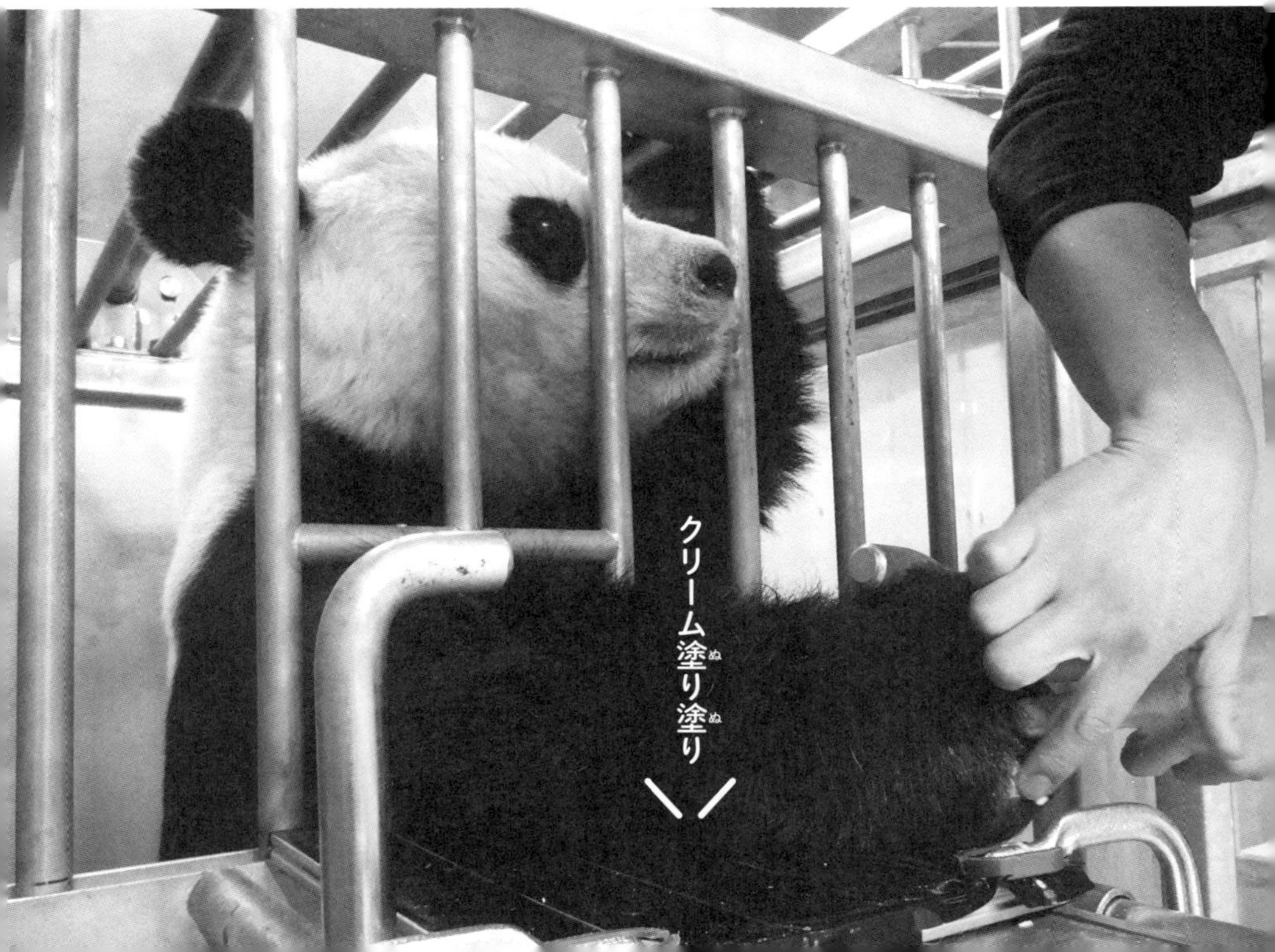

偽妊娠《ぎにんしん》などであまり動《うご》かなくなると、また元のように毛が生えてくるそうです。

体調管理《たいちょうかんり》のためとはいえ、ブラッシングにクリーム。タンタンは、なんてオシャレなパンダなんでしょう。そんなタンタンは、神戸《こうべ》のお嬢様《じょうさま》と呼《よ》ばれています。

その呼《よ》び名の通り、飼育員《しいくいん》さんたちがしっかりとお手入れしているおかげで、ステキな毛並《けな》みが維持《いじ》できているのですね。

タンタンの足あと

4

タンタンの出産《しゅっさん》

2度《ど》の出産《しゅっさん》

タンタンに赤ちゃんが生まれたのか、どうか。

その後はどうなったのでしょう。

じつはタンタンは2回出産《しゅっさん》しています。

1度目《どめ》は2007年。3月に3回人工授精《じゅせい》をして妊娠《にんしん》し、8月に出産《しゅっさん》しましたが、残念《ざんねん》ながら赤ちゃんは、おなかの中ですでに死《し》んでしまっていました。

2回目は梅元《うめもと》さんが担当《たんとう》になった年の2008年です。パンダは偽妊娠《ぎにんしん》という、まるで妊娠《にんしん》したかのような状態《じょうたい》になることがあり、赤ちゃんが生まれてくるまで、確実《かくじつ》に妊娠《にんしん》しているかどうかはわかりません。

タンタンの場合も、赤ちゃんが生まれるかどうかがわからないため、飼育《しいく》員《いん》さんたちは注意深《ちゅういぶか》く観察《かんさつ》を続《つづ》けていました。

2008年の8月26日。共同《きょうどう》研究《けんきゅう》をしていた神戸《こうべ》大学の学生とモニターを見ていた梅元《うめもと》さんは「あっ」と声を上げました。

座《すわ》っていたタンタンの股《もも》の間からポロッと何かが落《お》ちたのです。

そしてすぐに「ピンギャ～！」という元気な声が響《ひび》き渡《わた》りました。

パンダの赤ちゃんは生まれたとき100グラム前後ととても小さ

いため、お母さんに踏《ふ》みつぶされたりしないように、小さな体からは想像《そうぞう》できないような大きな声で鳴くのです。

すぐにパンダ班《はん》の人々《ひとびと》に連絡《れんらく》すると、すぐにみんなパンダ館《かん》へと集合《しゅうごう》。

死産《しざん》を乗《の》り越《こ》えて無事《ぶじ》に生まれた待望《たいぼう》の赤ちゃん。

それからはお祭《まつ》り騒《さわ》ぎです。

パンダの赤ちゃんにはまだ会えないのに、動物園《どうぶつえん》にはお客《きゃく》さんが

たくさん集《あつ》まりました。

当時の神戸《こうべ》市長からもお祝《いわ》いの電報《でんぽう》が届《とど》き、園のみんなもお客《きゃく》さんもお祝《いわ》いムードに包《つつ》まれました。「かわいい子パンダをみんなに見せることができるぞ」

梅元《うめもと》さんも、うれしい気持《きも》ちでいっぱいでした。


そこからはタンタンと赤ちゃんを、班《はん》のみんなが24時間交代《こうたい》で見守《みまも》ります。

梅元《うめもと》さんが泊《と》まりを終《お》えた翌日《よくじつ》、仕事《しごと》を終《お》えて家に帰って携帯《けいたい》電話を見ると、園からものすごい数の着信《ちゃくしん》が入っていました。

「イヤな予感《よかん》がしたんです」

梅元《うめもと》さんはそのときのことを思い出して語ります。

すぐに園にとんぼ返《がえ》りした梅元《うめもと》さんを待《ま》っていたのは、残酷《ざんこく》な事実《じじつ》でした。

「赤ちゃんが、息《いき》をしていません」

当直で残《のこ》っていた飼育員《しいくいん》さんからそう聞いたときには、すでに赤ちゃんはもう園内の動物病院《どうぶつびょういん》へと運《はこ》ばれ、冷《つめ》たくなっていたのです。

「昨日《きのう》は元気だったのに」

梅元《うめもと》さんは、とても信《しん》じられませんでした。

「このまま何事《なにごと》もなく、きっとすくすく大きくなって、赤ちゃんパンダを見ることができる。そんな軽《かる》い気持《きも》ちでいました」

子どもが小さく未熟《みじゅく》な状態《じょうたい》で生まれるパンダの出産《しゅっさん》はむずかしく、いつもなら中国から経験《けいけん》が豊富《ほうふ》な専門家《せんもんか》が来てくれているはずでした。

しかし、この年は、5月に発生《はっせい》した四川大地震《しせんおおじしん》の影響《えいきょう》で、中国の基地《きち》も壊《かい》滅的《めってき》な打撃《だげき》を受《う》け、中国人のスタッフが来日できなかったのです。

このときのくやしい経験《けいけん》について、梅元《うめもと》さんは「パンダの出産《しゅっさん》がとてもむずかしいということを改《あらた》めて知りました」と話します。

梅元《うめもと》さんはこの経験《けいけん》から、先輩《せんぱい》の飼育員《しいくいん》さんが残《のこ》した資料《しりょう》を読み、実際《じっさい》に話を聞き、今まで以上《いじょう》に真剣《しんけん》にパンダについて学んでいきました。

そして2009年には、吉田《よしだ》さんが担当《たんとう》に加《くわ》わりました。

「今度《こんど》こそ、赤ちゃんを大きく育《そだ》てたい」

ところが、この年も1月に3回、11月に3回と計6回の人工授精《じゅせい》に挑《いど》みましたが、残念《ざんねん》ながらタンタンの妊娠《にんしん》は確認《かくにん》されなかったのです。

タンタンの育児《いくじ》行動《こうどう》

そして2010年の9月。

コウコウに麻酔《ますい》をかけ、人工授精《じゅせい》用の精子《せいし》を採取《さいしゅ》していたところ、麻酔《ますい》か

ら覚《さ》めるときにノドに吐《は》いたものを詰《つ》まらせたコウコウが、そのまま亡《な》くなってしまったのです。

これは予測《よそく》できない事故《じこ》で、中国側《がわ》も「園に非《ひ》はない」と言ってくれました。

でも、タンタンは2頭の赤ちゃんに続《つづ》き、パートナーのコウコウもなくしてしまいました。

その後、神戸市《こうべし》は新しいオスを迎《むか》えるために中国側《がわ》と交渉《こうしょう》していましたが、タンタンがいる間に新しいオスが来ることはかないませんでした。

そして、偽妊娠期《ぎにんしんき》を迎《むか》える時期《じき》になると、タンタンの様子《ようす》にある変化《へんか》が訪《おとず》れました。

屋外展示場《おくがいてんじじょう》の小石や、エサの竹やニンジンをじっと抱《だ》っこして、はなさなくなるのです。

メスのパンダは夏頃《ごろ》に、先にも出てきた偽妊娠《ぎにんしん》の状態《じょうたい》になることがあります。

その後のホルモンの状態《じょうたい》により、個体《こたい》によっては竹やニンジンを赤ちゃんを扱《あつか》うようになめたり、抱《だ》いたりする行動《こうどう》が見られることがあります。

それがタンタンにも現《あらわ》れていたのでした。

この日、観覧《かんらん》していたお客《きゃく》さんたちも、やさしい目でタンタンを

見つめていました。

「きっと、育《そだ》てられなかった赤ちゃんを抱《だ》いているんだね」

「タンタンは、夢《ゆめ》の中で育児《いくじ》をしているのね」

どういう思いで竹やニンジンを抱《だ》っこしているのか、それはタンタンにしかわかりませんが、この行動《こうどう》には飼育員《しいくいん》さんたちも困《こま》ってしまいました。

もともと高い山にすむパンダは、夏の暑《あつ》さが大の苦手《にがて》。それに、夏はもともと竹がおいしくないため、パンダの食欲《しょくよく》が落《お》ちる時期《じき》なのです。

それなのに、この状態《じょうたい》になってエサを抱《だ》っこすると、ますますエサを食べなくなって、体重《たいじゅう》が落《お》ちてしまうのです。

当時、私《わたし》が取材《しゅざい》で梅元《うめもと》さんに話を聞いていると、それまでムシャムシャと竹を食べていたタンタンが、おもむろに竹を一束《ひとたば》くわえて部屋《へや》のすみに移動《いどう》しました。

「竹をアゴにはさんだら、だいたい抱《だ》っこしだしますね」

その梅元《うめもと》さんの言葉《ことば》通り、タンタンはアゴに竹を挟《はさ》み、そのまま抱《だ》っこしてじっとしてしまったのです。

私《わたし》には、タンタンがとてもやさしくて、母性《ぼせい》が強いパンダのように見えました。

私《わたし》と梅元《うめもと》さんの視線《しせん》の先では、小さな竹をまるで我《わ》が子を抱《だ》っこするように、大事《だいじ》そうに抱《かか》えるタ

ンタンがいます。

そのままペロペロなめたり、スリスリと顔を近づけたり。

タンタンには、竹がかわいい子どものように見えていたのかもしれません。

そして、タンタンは竹を抱《だ》いたまま、安心《あんしん》したようにその場で眠《ねむ》ってしまいました。

「本当にこどもをあやしているみたい。よっぽど赤ちゃんが恋《こい》しいのでしょうか」

ふと私《わたし》がつぶやくと、

「何かを抱《だ》いていると、落《お》ち着《つ》くのかもしれませんね。育児《いくじ》と言うより、もう抱《だ》き枕《まくら》と化《か》しているのかも」

そう梅元《うめもと》さんが答えました。

何かを抱《だ》っこしているときのタンタンは、おだやかでとても幸《しあわ》せそう。

きっと、お母さんになりたかったんでしょうね。

今後の飼育《しいく》に生かすために、何をどのくらいの時間抱《だ》っこしてい

たかなど、冷静《れいせい》に行動《こうどう》の様子《ようす》を記《き》録《ろく》しながら、タンタンを見守《みまも》っているのです。

タンタンの足あと

5

賢《かしこ》いタンタンはトレーニング上《じょう》手《ず》

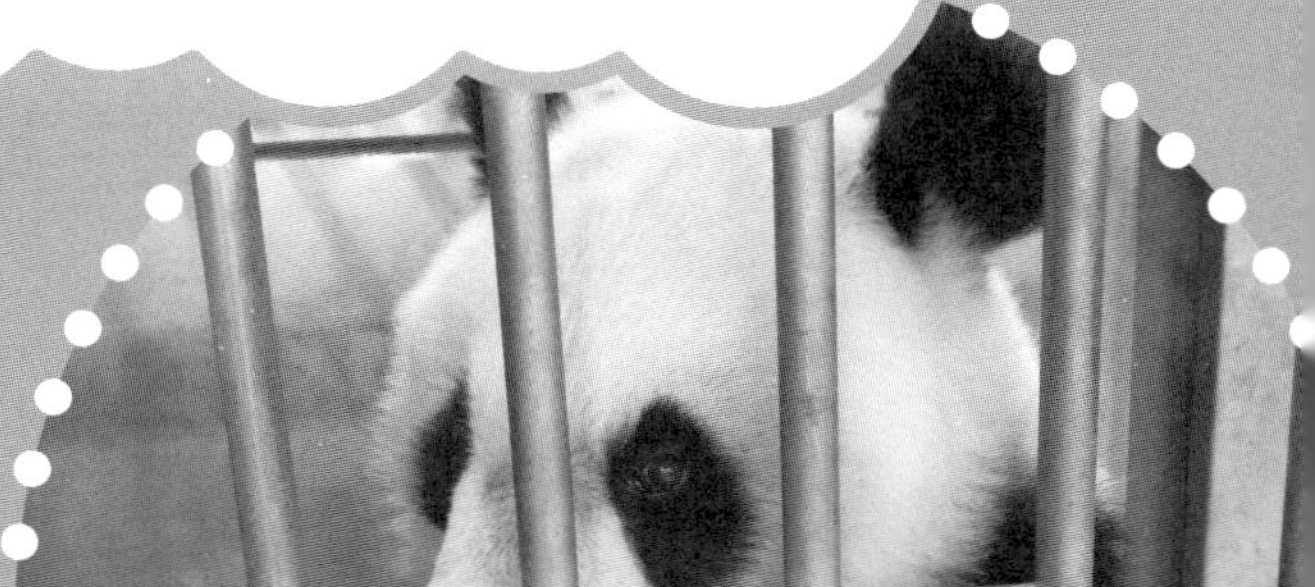

これから年を取《と》るタンタンのために

コウコウが亡《な》くなったあと、タンタンは9月16日で15歳《さい》になりました。

パンダの寿命《じゅみょう》は野生で20年、飼育《しいく》しているパンダで長くて30年くらいです。

そしてパンダは、人間の3倍《ばい》くらいの速《はや》さで年を取《と》ります。そもそも人間とパンダの年齢《ねんれい》を比《くら》べるのはむずかしいのですが、イメージでいうとタンタンはこのとき人間で言えば45歳《さい》くらい。

神戸《こうべ》に来た頃《ころ》は4歳《さい》（人間で言うと12歳《さい》くらい）だったタンタンも、中年の年代《ねんだい》にさしかかってきました。

これからは、タンタン自身《じしん》の健康《けんこう》のことも考えていかなくてはいけません。

飼育員《しいくいん》さんたちはタンタンとコウコウが来園したときから、その行動《こうどう》を毎日細かく記録《きろく》していました。

そのために、パンダ館《かん》には屋外《おくがい》と屋内《おくない》に、何台もの監視《かんし》カメラが設置《せっち》されています。

夜の時間には録画《ろくが》されており、飼育員《しいくいん》さんたちは、24時間分すべてをチェックしています。

いつもと違《ちが》う行動《こうどう》がないか、よく観察《かんさつ》するのも飼育員《しいくいん》さんの大切な仕事《しごと》のひとつなのです。

ずっとカメラに見られているなんて落《お》ち着《つ》かない気もしますが、当のタンタンはカメラを全然《ぜんぜん》気に

していません。

ただ、運動場《うんどうじょう》に出たときに、たまにカメラの視界《しかい》から外れてしまい、あわてて飼育員《しいくいん》さんが外へ確認《かくにん》にいくことも。

そんなときは、だいたい観覧通路《かんらんつうろ》との間のモート（堀《ほり》）か、壁《かべ》ぎわのしげみの中にいるそうです。

追《お》いかけてきた飼育員《しいくいん》さんの姿《すがた》を見つけたタンタンは、決《き》まって、

「何かください」

という顔ですぐに出てきます。

賢《かしこ》いタンタンは、飼育員《しいくいん》さんがあ

わてて追《お》いかけてくるのを、知っているのかもしれませんね。

タンタンの食事《しょくじ》や、うんこの状態《じょうたい》を知ることも必要《ひつよう》です。竹を与《あた》えるときはまず、竹の種類《しゅるい》と重《おも》さを記録《きろく》します。

そして食べ残《のこ》した竹を調《しら》べて、何をどれだけ食べたのかをチェックするのです。

うんこは個数《こすう》と量《りょう》（重《おも》さ）を記録《きろく》するだけではなく、形やニオイに異常《いじょう》がないかも見ています。じつはパンダのうんこはとても良《よ》い香《かお》り。

それは、食べた竹がほとんどそのまま出てくるためで、タンタンのうんこも雨上がりの草のようなにおいがします。

これは健康《けんこう》な証拠《しょうこ》なのです。

そして屋内《おくない》には板状《いたじょう》の体重計《たいじゅうけい》があります。いつもはエサを乗《の》せる台として使《つか》っていますが、エサを食べるためにタンタンが乗《の》ると、壁《かべ》のボードに体重《たいじゅう》が表示《ひょうじ》されるしくみです。

梅元《うめもと》さんによると、

「健康《けんこう》なときのタンタンの体重《たいじゅう》はだいたい86キロ前後。年齢《ねんれい》からすると、80キロをきらなければ大丈夫《だいじょうぶ》」

ただ、偽妊娠期《ぎにんしんき》の育児《いくじ》のような行動《こうどう》が現《あらわ》れている期間《きかん》は、そのぶん食事《しょくじ》の時間が減《へ》るため、体重《たいじゅう》も減《へ》ってしまいます。なので、偽育児《ぎいくじ》をしていた時間や、何を持《も》って、どこで寝《ね》ているかなどもチェックしているのです。

ほかにも、屋外《おくがい》に出入りした時間やその日の気温《きおん》も細かく記録《きろく》しています。いろいろ書くことがあって、とても大変《たいへん》に見えますが、飼育員《しいくいん》さんたちはこれを毎日こなしているのです。

「こんなにたくさんの記録《きろく》を毎日なんて、大変《たいへん》なんじゃないですか?」と私《わたし》が聞くと、梅元《うめもと》さんは「前の先輩《せんぱい》たちからずっと続《つづ》けてきたことだし、ぼくらにとっては当たり前。全然大変《ぜんぜんたいへん》じゃないですよ」。

その言葉《ことば》にかぶせるように、吉田《よしだ》さんも「梅《うめ》ちゃんの言うとおり、当たり前。ソウソウを健康《けんこう》に過《す》ごさせることが、俺《おれ》らの仕事《しごと》やからね」と笑《わら》います。

ちなみにソウソウはタンタンの中国名「爽爽《シュワンシュワン》」を音読みしたもの。中国語の発音《はつおん》がむずかしいため、飼育員《しいくいん》さんたちはバックヤードではこう呼《よ》んでいるのです。

細かなデータと飼育員《しいくいん》さんたちの愛情《あいじょう》が、タンタンの健康《けんこう》な生活を支《ささ》えているのですね。

ハズバンダリートレーニングとの出会い

そんな中で梅元《うめもと》さんと吉田《よしだ》さんは、パンダについてもっと勉強《べんきょう》をするために中国へ研修《けんしゅう》に行きました。

そこで、パンダのハズバンダリートレーニングを見ることができたのです。

ハズバンダリートレーニングとは、動物《どうぶつ》に協力《きょうりょく》してもらいながら、治療《ちりょう》や健康管理《けんこうかんり》をするための訓練《くんれん》のことです。

タンタンも、もともと簡単《かんたん》なトレーニングは行っていました。

でも、梅元《うめもと》さんは、中国で行っている、よりむずかしいトレーニングに興《きょう》味《み》を持《も》ち、中国の飼育員《しいくいん》や同じように他《ほか》の国から研修《けんしゅう》に来ていた飼育員《しいくいん》に、できるだけくわしく話を聞きたいと思ったのです。

実際《じっさい》に見てみると、たくさん学ぶことがありました。

「タンタンに協力《きょうりょく》してもらおう。これができるようになると、治療《ちりょう》で麻酔《ますい》をかけるなど、タンタンの体に負担《ふたん》をかけることが少なくなる。これから年を取《と》るタンタンのために、絶対必要《ぜったいひつよう》になる！」

梅元《うめもと》さんは日本へ帰国してからすぐに吉田《よしだ》さんに相談《そうだん》。すると吉《よし》田《だ》さんも「ええやん、やってみようよ」となり、タンタンに元気で長生きしてもらうために、トレー

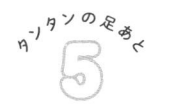

ニングを強化《きょうか》することを決《き》めたのでした。

得意《とくい》なのはレントゲンのポーズ

ハズバンダリートレーニングは、まずトレーニング用のケージに入るところからはじめます。

これは人間もパンダも安全《あんぜん》にトレーニングを行うため。パンダは熊《くま》の仲間《なかま》でするどい爪《つめ》と牙《きば》を持《も》っています。なので、飼育員《しいくいん》さんもだいたい2歳《さい》を超《こ》えたパンダのケージには入りません。

SNS《エスエヌエス》には、よく赤ちゃんパンダとじゃれている飼育員《しいくいん》さんの映像《えいぞう》が見られますが、人間がケージに入ってお世話《せわ》できるのは、パンダがこどもの頃《ころ》だけなのです。

タンタンはトレーニング用のケージに入ることはできていたため、飼育員《しいくいん》さんたちは、毎日少しずつトレーニングの項目《こうもく》を増《ふ》やしていきました。

口を開《あ》けるトレーニングでは、梅元《うめもと》さんが手で合図を出して「あーん」と声をかけます。

するとタンタンは梅元《うめもと》さんの指示《しじ》を聞き取《と》って、口を大きく開《あ》けるのです。

その間に口の中に異常《いじょう》がないか、

目で見てチェックします。

次《つぎ》に梅元《うめもと》さんは、ケージについた小窓《こまど》を指《ゆび》さします。そうすると、タンタンは小窓《こまど》から器用《きよう》に前あしを出して、その先にある棒《ぼう》を握《にぎ》ります。これは採血《さいけつ》のポーズです。

こうすると麻酔《ますい》を使《つか》うことなく、小窓《こまど》から出した前あしから、人もパンダも安全《あんぜん》に採血《さいけつ》することができるのです。


ひとつポーズができるたびに、梅元《うめもと》さんはクリッカーという小さな器具《きぐ》を指《ゆび》で押《お》して「カチッ」と鳴らし、タンタンにポーズがちゃんとできていることを伝《つた》えます。

そして、この音が鳴るとリンゴがもらえることを、タンタンは知っているのです。

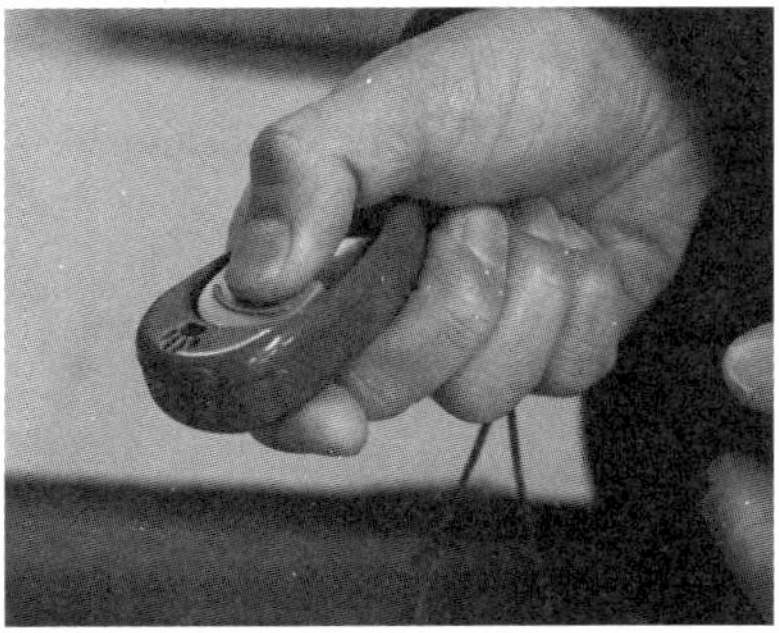

リンゴが大好《だいす》きなタンタンは、ごほうび欲《ほ》しさに指示《しじ》が出る前にポーズをとってしまうこともあります。

「どう？　ちゃんとできるでしょ⁉」

そんなタンタンの得意《とくい》げな姿《すがた》に思わず頰《ほほ》がゆるみますが、そのときはごほうびをあげません。あくまで指示《しじ》にしたがったからこそ、ごほうびがもらえるものだとタンタンに覚《おぼ》えてもらうためです。

ふたりの飼育員《しいくいん》さんたちも、そのあたりはしっかりと気をつけています。ただ「俺《おれ》は、梅《うめ》ちゃんみたいに甘《あま》くないからね」と言う吉田《よしだ》さんも、梅元《うめもと》さんに言わせれば「いまは甘々《あまあま》」なのだそう。

賢《かしこ》いタンタンは、どんなポーズでも1週間くらいあれば覚《おぼ》えてしまいます。

「タンタンは何でも得意《とくい》ですよ。ハズバンダリートレーニングに関《かん》しては、日本で一番上手《じょうず》だと思っています」

梅元《うめもと》さんも誇《ほこ》らしげです。細かくわけると、10種類《しゅるい》以上《いじょう》の必要《ひつよう》なポーズをとることができるようになったんですから、すごいですよね。

たまにはサボっちゃう日も

タンタンが一番得意《とくい》なのは、両前《りょうまえ》あしをバンザイするように上げる「レントゲンのポーズ」。

レントゲンを撮《と》りやすくするために、ケージをつかんだ前あしを後ろにスライドさせて、体をまっすぐにします。

姿勢《しせい》良《よ》くまっすぐ前を見つめながら、得意《とくい》げな顔のタンタン。

なんともかわいらしい姿《すがた》です。

そして、タンタンが一番嫌《きら》いなのが、あおむけになる「ダウンのポーズ」。

梅元《うめもと》さんは笑《わら》いながら言います。

「イヤというかめんどくさいんでしょうね。声をかけたあとに『めんどくさいなぁ、やるの？』みたいな顔をすることがありますよ」

『めんどくさいなぁ』と思いながらも、キチンとこなしてしまうのが、タンタンの偉《えら》いところですよね。

そんなタンタンでも、たまに、どうしてもやる気がでないときがあります。そんなときはどうするのでしょう。

お口あーん

あおむけ（ダウン）

レントゲン

バーをつかむ

ターゲット

採血《さいけつ》

ふせ

タンタンの基本《きほん》のポーズ7つ

「やる気がないときはしませんよ。タンタンの気が乗《の》らないのに無理《むり》をさせると、人がケガをする可能性《かのうせい》も出てきますからね」

人間もパンダも安全《あんぜん》が第一《だいいち》なので、タンタンの気持《きも》ちを優先《ゆうせん》させているのだそうです。

途中《とちゅう》で集中力《しゅうちゅうりょく》がないと感《かん》じたときは、タンタンが飽《あ》きてしまわないように、ポーズを減《へ》らして、時間を短《みじか》くするなどの工夫《くふう》をしています。

「トレーニング自体がイヤになってしまっては、ダメですからね」

一度《いちど》イヤなイメージを持《も》ってしまうと、これから先も続《つづ》けることがむずかしくなってしまいます。

なので、タンタンには「トレーニングをすれば、おいしいものがもらえる」というイメージで、頑張《がんば》ってもらいたいのです。

あるとき「トレーニング頑張《がんば》りまーす！」と、元気よくトレーニングルームに入ってきたタンタン。

その日のトレーニングを担当《たんとう》していた吉田《よしだ》さんが、素直《すなお》にトレーニングルームに入って来たごほうびに小さなリンゴを丸ごと差《さ》し出すと、そのままサッとくわえてケージの外へ。

トレーニングなしにご褒美《ほうび》を手に入れたタンタンは、扉《とびら》のすぐ横《よこ》に座《すわ》って、おいしそうにリンゴを食べはじめました。

その姿《すがた》を見て、悔《くや》しがる吉田《よしだ》さん。

「遠くへ逃《に》げるならまだわかるけど、出てすぐのとこで食べていたから、ズルいなぁ～と思ったよ！」

ケージの外へ出てしまったら、もうトレーニングができません。

別《べつ》の日には、トレーニングルームの扉《とびら》を閉《し》める直前に、外へ逃《に》げてしまいました。

閉《し》まりかけた扉《とびら》に頭を突《つ》っ込《こ》み、サッと持《も》ち上げて逃走《とうそう》。

じつは、扉《とびら》に安全装置《あんぜんそうち》がついているため、途中《とちゅう》で止まることをタンタンは知っているのです。梅元《うめもと》さんはしてやられたという顔で笑《わら》います。

「ぼくら、見えない所《ところ》で結構《けっこう》タンタンにやられているんですよ」

タンタンは、ほんとうに賢《かしこ》いパンダなんですね。

タンタンの足あと

6

中国に帰るはずが……最後《さいご》のイベント

帰っちゃうの？ タンタン

楽しい毎日を過《す》ごしていたタンタンでしたが、じつは神戸《こうべ》での生活には期《き》限《げん》がありました。

そもそも、ジャイアントパンダは、絶滅《ぜつめつ》のおそれがある野生動植物《どうしょくぶつ》の国際《こくさい》取引《とりひき》に関《かん》するワシントン条約《じょうやく》によって、取引《とりひき》や贈与《ぞうよ》が規制《きせい》されています。

それに加《くわ》えて、タンタンたちパンダは繁殖《はんしょく》のための研究目的《けんきゅうもくてき》として、期限《きげん》つきで貸《か》し出しが許可《きょか》されます。タンタンも貸《か》し出し期限《きげん》を決《き》められて神戸《こうべ》へとやってきていたのです。

最初《さいしょ》は10年の期限《きげん》でしたが、その後も、繁殖研究《はんしょくけんきゅう》のために5年、また5年と期限《きげん》が延長《えんちょう》されていました。

でも２０２０年5月、中国から「タンタンの返還期限《へんかんきげん》を延長《えんちょう》しない」という連絡《れんらく》がありました。中国には老齢《ろうれい》のパンダのために作られた都《と》江堰基地《こうえんきち》があります。

そこにはパンダ用のCTスキャンや医療機器《いりょうきき》や広いスペースがあり、タンタンの異父《いふ》姉妹で姉の白《バイ》雲《ユン》もいます。

中国側《がわ》からすれば、年老《としお》いたパンダのための設備《せつび》がそろっている場所《ばしょ》で余生《よせい》を過《す》ごすことが、タンタンの幸《しあわ》せにつながるのではないかと考えてのことでした。

びっくりしたのは飼育員《しいくいん》さんや

階段《かいだん》の下でひと休み

園の人たちでした。

「このまま神戸《こうべ》にいてくれると思っていたのに」

梅元《うめもと》さんが、がっくりと肩《かた》を落《お》とします。

「設備《せつび》が整《ととの》った中国へ帰った方が、ソウソウのためになるんだよな。だったら俺《おれ》は賛成《さんせい》だよ」と吉田《よしだ》さん。さびしいけれど、それがタンタンの為《ため》になるのなら。

ふたりの飼育員《しいくいん》さんは、いつでもタンタンのことを一番に考えているのです。

それでも「中国の竹は葉《は》っぱが固《かた》そうに見えたけど、ソウソウが気に入る竹はあるかな？」と心配《しんぱい》げな梅元《うめもと》さんに、吉田《よしだ》さんは「でも、向《む》こうは、一年中タケノコが手に入るから」と話します。

国土が広い中国では、ほぼ一年中タケノコを食べることができるのです。

しかし、神戸《こうべ》に来てから20年。タンタンもすっかりと神戸《こうべ》の生活に慣《な》れています。

ファンの間からも「このまま神戸《こうべ》にいて欲《ほ》しい」や「年を取《と》ったタンタンは飛行機《ひこうき》の移動《いどう》に耐《た》えられるか心配《しんぱい》」という声が上がりました。

でも、約束《やくそく》ですから、どうしようもありません。

悲《かな》しんでばかりもいられません。梅元《うめもと》さんと吉田《よしだ》さんもふたりで話し合い、

「タンタンを健康《けんこう》なまま、無事《ぶじ》に中国へと送《おく》り届《とど》けられるようにしよう」と、新たな目標《もくひょう》を立てたのでした。

感謝《かんしゃ》を込《こ》めたお誕生日《たんじょうび》ケーキ

7月中には中国へ帰国予定《よてい》だったタンタンですが、コロナ禍《か》で帰りの飛行《ひこう》機《き》の調整《ちょうせい》がつかず、その年の12月まで帰国が延長《えんちょう》されました。そのため、9月にやってくる25歳《さい》のお誕生日《たんじょうび》も、園で迎《むか》えることになったのです。

タンタンの誕生会《たんじょうかい》は、20歳《さい》を迎《むか》えた年がちょうど来園15周年《しゅうねん》と重《かさ》なったことからはじまり、それ以降《いこう》も開《ひら》かれるようになりました。

メインとなるのは、飼育員《しいくいん》さんたちの愛情《あいじょう》がたっぷりと詰《つ》まった特製《とくせい》の誕生日《たんじょうび》ケーキをイメージしたエサ。

そしてファンのみんなからの寄《よ》せ書《が》きです。

コロナ禍《か》で多くの人が集《あつ》まるのを防《ふせ》ぐため、寄《よ》せ書《が》きやお誕生会《たんじょうかい》は実施《じっし》できそうにありませんが、タンタンへの思いを込《こ》めたごちそうなら用意《ようい》できます。

イベントごとに凝《こ》ったおやつを用意《ようい》し『お嬢様《じょうさま》のパティシエ』と呼《よ》ばれる吉田《よしだ》さんは、

「タンタンによろこんでもらえるような

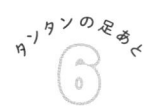

ケーキを用意《ようい》しよう」

と決《き》めました。

「梅《うめ》ちゃん、こんなのどうかな」

吉田《よしだ》さんが、何やら絵が描《か》かれたメモを差《さ》し出します。

「いいんじゃない。でも、数字の部分《ぶぶん》は前に竹の葉《は》でやってはがれてしまったから、今度《こんど》は氷《こおり》に入れて固《かた》めた方がいいんじゃないかな」

すると吉田《よしだ》さんも「こまかい氷《こおり》は、ミユキのところからもらってこよう」。

ミユキとは、同園で飼育《しいく》されていたホッキョクグマのこと。ミユキちゃんの所《ところ》には、細かな氷《こおり》を振《ふ》らせる人工降雪機《こうせつき》があるのです。

こうして、2か月も前からケーキの構想《こうそう》を練《ね》って、梅元《うめもと》さんとふたりで話し合いながら、2回も試作《しさく》を繰《く》り返《かえ》しました。

そして、1か月かけて完成《かんせい》したのが、今までで一番大きな2段重《だんがさ》ねのバースデーケーキ型《がた》のエサです。

吉田《よしだ》さんは、

「氷《こおり》のケーキを竹の柱《はしら》で支《ささ》えて、2段《だん》にするのに苦労《くろう》しました」

と話します。

今までの集大成《しゅうたいせい》のようなこのケーキには、タンタンへの感謝《かんしゃ》の気持《きも》ちがたっぷりと込《こ》められていました。

当日は休園日でしたが、お誕生日《たんじょうび》の様子《ようす》は後日、同園の公式《こうしき》SNS《エスエヌエス》とYouTube《ユーチューブ》で配信《はいしん》されました。

そして、神戸《こうべ》で迎《むか》える最後《さいご》の誕生日《たんじょうび》ということもあり、朝からいつもより もたくさんの報道陣《ほうどうじん》がパンダ館《かん》に集《あつ》まりました。

屋内運動場《おくないうんどうじょう》のシャッターが開《あ》けられると、大きなケーキが姿《すがた》を現《あらわ》し、カメラが一斉《いっせい》に撮影《さつえい》しはじめました。

竹を柱《はしら》にして2段重《だんがさ》ねにしたケーキの一番上には、ろうそくの炎《ほのお》をイメージしたニンジンが2本。

さらに、25という文字をニンジンで表現《ひょうげん》した氷《こおり》のプレートがついています。こちらは先に梅元《うめもと》さんが言ったように、24歳《さい》の誕生日《たんじょうび》に、竹の葉《は》で書いた24の文字がはがれてしまった反省《はんせい》を生かし、はがれないよう、氷《こおり》に閉《と》じ込《こ》めて固《かた》めました。

下の段《だん》はハートやパンダ型《がた》のペレット、竹などを使《つか》ってかわいらしく飾《かざ》りつけられています。

氷《こおり》を山のようにまとめてつくられた土台部分《ぶぶん》には、ブドウを使《つか》ってタンタンの姿《すがた》が描《えが》いてありました。

「タンタンはブドウが大好《す》きなので、必《かなら》ず使《つか》うようにしています」

吉田《よしだ》さんにはタンタンのよろこぶものがわかるのです。

さらにタンタンの好物《こうぶつ》であるリンゴには、『ありがとう旦旦《タンタン》』とタンタンへのメッセージが飾《かざ》り切りで書いてありました。

報道《ほうどう》の人たちがひとしきりケーキを撮影《さつえい》し終《お》わったあと、ケーキの後ろにある寝室《しんしつ》のシャッターが開《あ》き、主役《しゅやく》であるタンタンが登場《とうじょう》しました。

寝室《しんしつ》の中からゆっくりと出てきて、目の前のケーキへ行くのかと思いきや、まさかの素通《すどお》り……そのまま寝台《しんだい》の方へ歩いて行きます。

「えっ、ケーキは？」

「そうきたか……」

タンタンを追《お》って、報道陣《ほうどうじん》が右往左往《うおうさおう》しています。

その後、タンタンはいったんケーキの方へと戻《もど》り、正面《しょうめん》へと回ってじっとケーキを見たあと、閉《と》じた寝室《しんしつ》の入り口の前に座《すわ》り込《こ》みました。

「中へ入れて」

と言っているのです。

そして入り口が開《あ》かないのがわかると、また寝台《しんだい》の上へ。

そのままぺたんと伸《の》びてしまいました。これには誕生日《たんじょうび》のあいさつに出てきた園長さんも困《こま》り顔です。

いつもよりたくさんの報道陣《ほうどうじん》が通路《つうろ》にいるので、驚《おどろ》いてしまったのでしょうか。

こうして10分ほど寝台《しんだい》でくつろいだあと、おもむろにケーキの方へ。

通路《つうろ》でくつろいでいた報道陣《ほうどうじん》もあわてて持《も》ち場に戻《もど》ります。

タンタンは後ろからケーキを少しのぞいて正面《しょうめん》へ回り、慎重《しんちょう》にくだものの匂《にお》いを嗅《か》いでいます。

そしてタンタンの姿《すがた》を描《えが》いたブドウへ口を伸《の》ばしてパクリ。

きっとおいしかったのでしょう、夢中《むちゅう》でブドウを食べていきます。

その後は、きちんと座《すわ》って前あしでリンゴを持《も》ち、モグモグ。

やっとご機嫌《きげん》がなおったようですね。

「ソウソウらしいなぁ」と笑《わら》う梅元《うめもと》さん。

プレッシャーで早朝から目が覚《さ》めたという吉田《よしだ》さんも、

「タンタン、空気を読んでくれてありがとう」

と、報道陣《ほうどうじん》にコメントし、ほっとした様子《ようす》でした。

じつはこの日、朝からこの大きなケーキの準備《じゅんび》のため、事務所《じむしょ》からたくさんの職員《しょくいん》さんが応援《おうえん》に来てくれて、パンダ館《かん》はなんだかざわざわと騒《さわ》がしかったのだそう。

耳がいいタンタンは、いつもと違《ちが》う様子《ようす》を敏感《びんかん》に察知《さっち》。

いつもなら自分の所《ところ》へ来てくれる飼育員《しいくいん》さんもなかなか来てくれなかったため、

「アタシをほったらかしにして！」

とばかりに『すねタンモード』に入っていたようです。

　リンゴを頬張《ほおば》るタンタンを見ながら感慨深《かんがいぶか》そうな梅元《うめもと》さん。

「本当に、最後《さいご》の誕生日《たんじょうび》なんだなぁ」

思わず声がもれました。

　帰国が決《き》まってからはファンの方々《かたがた》が「タンタンの帰国が決《き》まって私《わたし》たちも悲《かな》しいけど、飼育員《しいくいん》さんはもっと悲《かな》しいでしょう」と声をかけてくれるそうです。

「ファンの方々《かたがた》からの言葉《ことば》は、すご

く心に残《のこ》っていますね。タンタンはぼくにとって、もう家族《かぞく》みたいなものだから」

梅元《うめもと》さんはさびしそうに笑《わら》いました。

この時期《じき》はコロナ禍《か》のまっただ中。入園とパンダの観覧《かんらん》に、公式《こうしき》ホームページからの抽選《ちゅうせん》による入場制限《せいげん》を実施中《じっしちゅう》だったため、抽選《ちゅうせん》に当たった幸運《こううん》な人だけが、タンタンに会える状態《じょうたい》。

ファンにとっても、タンタンに会いたいけれど、会えない日々《ひび》が続《つづ》いていたのです。

アタシは帰りませんよ？

タンタンの返還《へんかん》は決《き》まりましたが、今度《こんど》はコロナ禍《か》によって肝心《かんじん》の飛行《ひこう》機《き》が飛《と》ばない日々《ひび》が続《つづ》いていました。

新型《しんがた》コロナウイルス感染症《かんせんしょう》の日本国内での緊急事態宣言《きんきゅうじたいせんげん》は、2020年5月にいったん解除《かいじょ》されたものの、再度《さいど》、感染者《かんせんしゃ》が拡大《かくだい》して、まだまだ油断《ゆだん》できない状況《じょうきょう》が続《つづ》いていたのです。

そのため、中国行きの飛行機《ひこうき》が休止となり、さらに渡航《とこう》の際《さい》には宿泊《しゅくはく》施設等《しせつなど》で数日間の待機《たいき》が必要《ひつよう》となったため、飼育員《しいくいん》さんたちがついてい

くことがむずかしいなどの問題《もんだい》も出てきて、中国への帰国ができない状態《じょうたい》になっていました。

そして、最初《さいしょ》の返還期限《へんかんきげん》を迎《むか》えた7月には、その年の12月末《がつまつ》までの延長《えんちょう》が発表《はっぴょう》され、さらにそのあとも1年間の延長《えんちょう》と、だんだんと期限《きげん》が延《の》びていきました。

まるでタンタンが「アタシは帰りませんよ？」と言っているよう。

でもそれもコロナ禍《か》が落《お》ち着《つ》くまでのこと。

みんながそう思っていましたが、そのうちにタンタンの体に大変《たいへん》なことが起《お》こったのです。

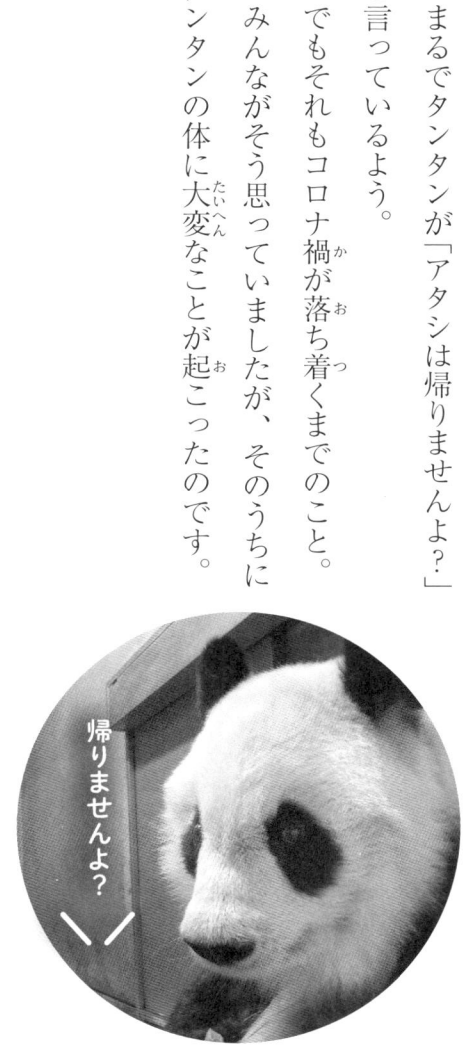

タンタンの足あと

7

お薬大作戦《くすりだいさくせん》

タンタンの心臓疾患《しんぞうしっかん》

2021年1月のこと。

いつもの健康診断《けんこうしんだん》で聴診《ちょうしん》をしたとき、獣医師《じゅういし》さんがタンタンの異常《いじょう》に気がつきました。

「あれ？　いつもと違《ちが》うな……」

タンタンに頻脈《ひんみゃく》（心拍数《しんぱくすう》の上昇《じょうしょう》）がみられたのです。

年を取《と》ったパンダには、心臓《しんぞう》の疾患《しっかん》が見られることがよくあります。

かつて、上野動物園《うえのどうぶつえん》で飼育《しいく》されていたリンリンも、20歳《さい》を過《す》ぎて高齢《こうれい》となり、心臓《しんぞう》の機能《きのう》が徐々《じょじょ》に衰《おとろ》え、22歳《さい》のときに慢性心不全《まんせいしんふぜん》で亡《な》くなりました。

すぐに中国ジャイアントパンダ保護研究《ほごけんきゅう》センターに相談《そうだん》し、毎日聴診《ちょうしん》と検査《けんさ》を行って、タンタンの状態《じょうたい》をよく観察《かんさつ》することにしました。

タンタンの足あと 7

その後、症状《しょうじょう》は少し落《お》ち着《つ》いていましたが、3月頃《ごろ》に再発《さいはつ》し、頻《ひん》脈《みゃく》などの症状《しょうじょう》が継続的《けいぞくてき》に見られるようになりました。

タンタンは、運動量《うんどうりょう》が減《へ》って寝《ね》ていることが多くなり、食欲《しょくよく》もあまりありません。

「血液《けつえき》の循環機能《じゅんかんきのう》が低下《ていか》している」と考えた獣医師《じゅういし》さんは、日本の循《じゅん》環器専門《かんきせんもん》の獣医師《じゅういし》の助言《じょげん》をもらい、加齢《かれい》による心臓疾患《しんぞうしっかん》と推測《すいそく》。中国側《がわ》と話し合い、薬《くすり》を使《つか》っての治療《ちりょう》をはじめました。

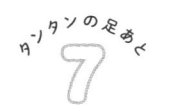

みなさんもご存《ぞん》じかと思いますが、本来、薬《くすり》は苦《にが》くておいしくないものです。グルメなタンタンにお薬《くすり》を飲《の》ませるため、飼育員《しいくいん》さんたちの苦労《くろう》がはじまりました。

タンタンの心臓《しんぞう》の働《はたら》きをサポートするため、強心薬《きょうしんやく》などの錠剤《じょうざい》を毎日与《あた》える必要《ひつよう》があります。

「グルメなソウソウは、苦《にが》い薬《くすり》を飲《の》んでくれるかな？」と、心配《しんぱい》そうな梅元《うめもと》さん。

横《よこ》から吉田《よしだ》さんが「大好《だいす》きなくだものに埋《う》め込《こ》んでみたらどうやろ？　まわりが甘《あま》いから気づかず食べてくれるかも」。

飼育員《しいくいん》さんたちはまず、タンタンの大好物《だいこうぶつ》であるくだものに金属《きんぞく》の棒《ぼう》で穴《あな》を空け、薬《くすり》を埋《う》め込《こ》むことにしました。

ただ、苦《にが》みに敏感《びんかん》なタンタンは、薬《くすり》が入っていることにすぐに気づいてしまいます。

「くだものは水分が多いから、どうしても苦《にが》みがでちゃうよね」と、渋《しぶ》い表情《ひょうじょう》の吉田《よしだ》さん。

梅元《うめもと》さんも、

「口に入れてから薬《くすり》に気づいた場合は、吐《は》き出して、もうそれ自体を食べないいんだよね」

と苦笑《にがわら》いしました。

薬《くすり》がふれただけの部分《ぶぶん》も、上手《じょうず》によけて食べないのです。

「薬《くすり》の苦《にが》みが弱まるように、くだものと一緒《いっしょ》にミキサーにかけたらどうだろう」と思いつき、くだものと薬《くすり》をミキサーでペースト状《じょう》にし、冷凍庫《れいとうこ》で冷《ひ》やし固《かた》めて与《あた》えたこともありました。

おいしそうなシャーベットです。

最初《さいしょ》はよろこんで食べてくれたタンタンでしたが、すぐに薬《くすり》の味《あじ》に気づいて食べなくなってしまいました。

薬《くすり》の苦味《にがみ》に敏感《びんかん》なタンタン。

本来、動物《どうぶつ》にとって苦味《にがみ》を感《かん》じることは、腐《くさ》ったり毒《どく》をもっていたりする危険《きけん》な食べ物《もの》をさけるために役立《やくだ》つことなのですが、タンタンの場合は「これ、おいしくない！」という気持《きも》ちが、たくさんこもっているような……。

本当に、なんてグルメなパンダなのでしょう。

タンタンの足あと 7

秘密兵器《ひみつへいき》は甘《あま》いジュース

そのうち、くだもの以外《いがい》にもタンタンが好《す》きな生のサトウキビに、薬《くすり》を埋《う》め込《こ》んで食べさせるようになりました。

サトウキビは園内でゾウのエサにも使《つか》われているため、すぐに手に入ります。

しばらくすると薬《くすり》に気づいたのか、食べてくれないときが出てきました。

念《ねん》のため、試《ため》しに薬《くすり》が入っていないサトウキビを与《あた》えると食べてくれました。

「他《ほか》のものは、一度《いちど》薬《くすり》に気づくと食べてくれ

なくなったのに、サトウキビは食べてくれた。たぶんサトウキビはかなり好《す》きなんだな」と考えた梅元《うめもと》さん。

そこで、薬《くすり》を埋《う》め込《こ》むほかに何か方法《ほうほう》はないか、みんなで調《しら》べていたところ、サトウキビジュースを発見《はっけん》したのです。

私《わたし》たちにはあまりなじみのない飲《の》み物《もの》ですが、サトウキビの栽培《さいばい》が盛《さか》んなタイでは、栄養《えいよう》が豊富《ほうふ》で程《ほど》よい甘《あま》さがノドの渇《かわ》きを潤《うるお》してくれる飲《の》み物《もの》として、暑《あつ》い時期《じき》によく飲《の》まれています。

最初《さいしょ》は以前《いぜん》くだものでやったように、ジュースと薬《くすり》をミキサーにかけて混《ま》ぜ、冷《ひ》やし固《かた》めて与《あた》えてみました。

「ほら、タンタンおいしいよ～」

タンタンはフンフンと匂《にお》いをかぎ、一応《いちおう》口をつけましたが、２回目からは食べてくれなくなりました。

「それならば！」と、ジュースをそのままトレーに入れて口もとへ持《も》って

タンタンの足あと 7

いってみると、ものすごい勢《いきお》いでなめはじめたタンタン。

ジュースの味《あじ》は好《す》きなことがわかったので、まずはジュースだけを与《あた》えて、味《あじ》に慣《な》れさせることにしました。

慣《な》れてきたところで、粉状《こなじょう》にすりつぶした薬《くすり》を入れ、タンタンに与《あた》えてみたのです。

口もとに持《も》っていくと少しなめたため「飲《の》んでくれるのかな?」と思いきや、すぐに飲《の》むのをやめてしまいました。

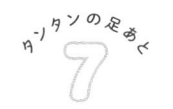

「やっぱり薬《くすり》の味《あじ》が気になるのかなぁ」と悩《なや》む梅元《うめもと》さんに、吉田《よしだ》さんがひとこと。「ジュースを多くして、甘《あま》みを強くしてみたら?」

薬《くすり》の味《あじ》を少しでも消《け》すために、ダメもとで、ジュースを足してみました。するとどうでしょう、ペロペロと夢中《むちゅう》になって、ジュースをなめはじめたのです!

しばらくはこの方法《ほうほう》で与《あた》えていましたが、そのうち薬《くすり》に気づき「何かおかしいな?」というそぶりを見せることもありました。

「そうなったら、次《つぎ》は薬《くすり》を入れずにジュースだけで与《あた》えるようにします」

梅元《うめもと》さんも必死《ひっし》です。

怪《あや》しくないよと伝《つた》えて、ほとぼりが冷《さ》めてから、また薬《くすり》を入れるようにするのだそう。

タンタンとの頭脳戦《ずのうせん》ですね。

パンダ団子《だんご》の復活《ふっかつ》

そして約《やく》6年ぶりに、パンダ団子《だんご》を復活《ふっかつ》させました。パンダ団子《だんご》とは、竹の葉《は》の粉《こな》にたまごなどを混《ま》ぜて作るパンダの栄養食《えいようしょく》です。

混《ま》ぜて団子状《だんごじょう》に丸めた材料《ざいりょう》を蒸《む》したあと、さらに冷蔵庫《れいぞうこ》で冷《ひ》やすなど、とても手間がかかりますが、この復活《ふっかつ》にはタンタンが食べられるものを増《ふ》やす狙《ねら》いがありました。

いまはジュースを使《つか》って薬《くすり》を飲《の》

んでいるタンタンも、そのうち飽《あ》きて飲《の》まなくなるかもしれません。

「これから気温《きおん》も上がり、食欲《しょくよく》が落《お》ちてくる時期《じき》です。タンタンが食べられる物《もの》を少しでも増《ふ》やしていきたいので、久《ひさ》しぶりにパンダ団子《だんご》を作ってみました」

タンタンも、来園した頃《ころ》にはパンダ団子《だんご》を食べていたのですが、手間がかかることもあり、そのうち栄養価《えいようか》に優《すぐ》れたペレットに置《お》き換《か》えて、作らなくなっていました。

ただ、ペレットは固《かた》くて、薬《くすり》を埋《う》め込《こ》むことができません。

その点パンダ団子《だんご》は、適度《てきど》に柔《やわ》らかくて薬《くすり》を埋《う》め込《こ》みやすい。

昔《むかし》のレシピや道具《どうぐ》も残《のこ》っていますので、飼育員《しいくいん》さんたちも記憶《きおく》をたぐりながら作ることができたのです。

「タンタンは食べてくれるかな？」

少し不安《ふあん》になりながらも与《あた》えてみると、パンダ団子《だんご》を手にしたタンタンは、クンクンと匂《にお》いを嗅《か》ぎます。

「匂《にお》いを嗅《か》ぐということは、興味《きょうみ》を持《も》ってくれているな」

そう思った次《つぎ》の瞬間《しゅんかん》、パクリと一口かじり、そのまま床《ゆか》へポトリ。

その反応《はんのう》にガッカリしますが、梅元《うめもと》さんはあきらめません。

はじめてのものや久《ひさ》しぶりに目にしたものには、警戒心《けいかいしん》を持《も》ってあのような反応《はんのう》になることが多いことを、タンタンと長いつき合いの梅元《うめもと》さんは知っているのです。

「でも、もしかしたら味《あじ》が気に入らなかったのかな……」と、落《お》ち込《こ》む梅元《うめもと》さん。「砂糖《さとう》だけでな

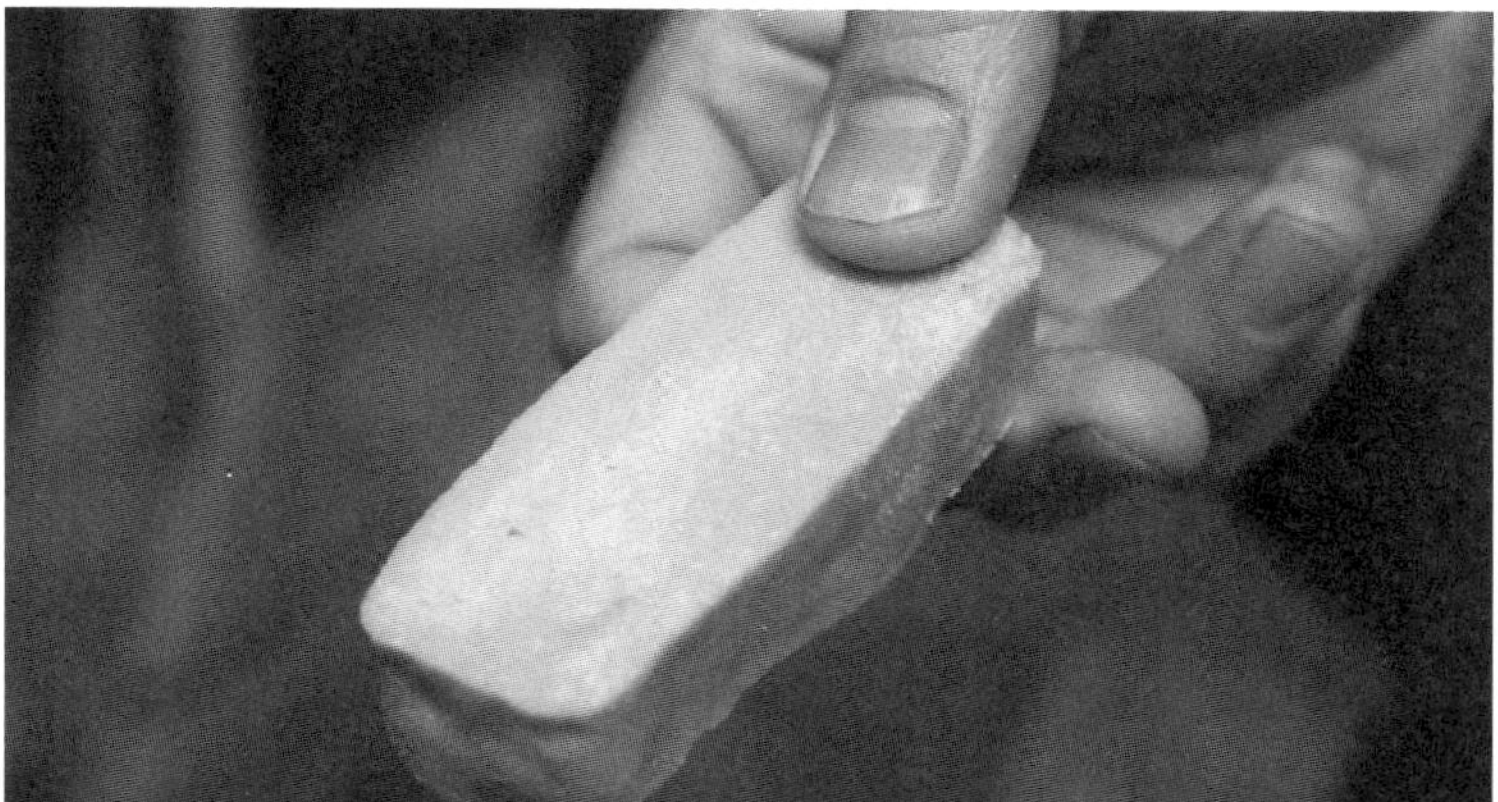

くて、ほかの味《あじ》を増《ふ》やしてみよう！」お嬢様《じょうさま》のパティシエ・吉田《よしだ》さんは前向《まえむ》きです。

通常《つうじょう》の砂糖《さとう》に加《くわ》えて、黒糖《こくとう》やサトウキビ粉《こ》など3種類《しゅるい》の味《あじ》を作り、形もパティシエの遊《あそ》び心で、丸やハート型《がた》など、味《あじ》によって変《か》えてみました。

こうして根気《こんき》強く与《あた》えた結果《けっか》、ようやく食べてくれるようになったのです。

タンタンに与《あた》えるものは、飼育員《しいくいん》さんたちも事前《じぜん》に味見《あじみ》をします。

「パンダ団子《だんご》はパサパサしていて、あまりおいしいとは言えませんが、人も食べられるレベルでしたよ」

梅元《うめもと》さんは顔をほころばせました。

食べられるものが増《ふ》えるということは、食べる楽しみも増《ふ》えるということ。

薬《くすり》を飲《の》ませるためにいろいろな食べ物《もの》を試《ため》したために、タンタンはますますグルメになってしまいましたが、これを機《き》に食欲《しょくよく》も出てくるといいなと、見《み》守《まも》るみんなは思ったのでした。

タンタンの足あと

8

タンタンの毎日

新しい階段《かいだん》

２０２２年12月の休園日のこと。

タンタンが久《ひさ》しぶりに外のやぐらに上りました。

3月に観覧《かんらん》中止となってからは、外へ出る機会《きかい》も減《へ》り、やぐらに上ることもなかったのですが、この日は思い出したように上ったのだそう。

ゆっくりと一歩一歩階段《かいだん》を上る姿《すがた》を見ていた、吉田《よしだ》さんは、

「えっ？　どうしたん？　いけるの？　すごいやん」

と、興奮気味《こうふんぎみ》です。

この日は寝《ね》たり、ウロウロしたりしながら、ゆったりと1時間ほどやぐらの上で過《す》ごしました。

もともと外のやぐらは、寝《ね》たりご飯《はん》を食べたりするのに、よく上っていた場所《ばしょ》でした。

ただ心臓疾患《しんぞうしっかん》になってからは運動《うんどう》量《りょう》が減《へ》り、外に出ても少しウロウロして帰ってくる程度《ていど》で上ろうとしなかったのですが、この日は違《ちが》ったようです。

梅元《うめもと》さんもタンタンの姿《すがた》に少し安《あん》心《しん》しました。

「上ったと聞いてちょっとびっくり。気分がよかったのかも。あとは気候《きこう》もちょうどよかったのかもしれんね」

「上ったはいいけど、下りるのにだいぶ手《て》間《ま》取《ど》ってしまって」

と話す吉田《よしだ》さん。

この日は梅元《うめもと》さんがお休みでひとり作業《さぎょう》の日。吉田《よしだ》さんは焦《あせ》りました。

一方、タンタンは、おそるおそる、前あしをのばして下りようとするも、下りられず。今度《こんど》はお尻《しり》を向《む》けて後ろ向《む》きになるも、下りられず。

1時間ほどその状態《じょうたい》だったので、吉田《よしだ》さんは何か仮《かり》の階段《かいだん》を作ろうと、あわてて材料《ざいりょう》を取《と》りに行きました。こうして、トラックに材料《ざいりょう》を積《つ》んで帰ってきたところ、タンタンは何とか自力で下に下りてきました。

「これはアカンよなぁ。また下りられなくなったら困《こま》るわ」と思った吉田《よしだ》さんは、梅元《うめもと》さんに相談《そうだん》しました。

外のやぐらは室内の寝台《しんだい》よりも階段《かいだん》の傾斜《けいしゃ》がキツく、上り下りが大変《たいへん》なのです。

吉田《よしだ》さんは梅元《うめもと》さんと一緒《いっしょ》にいまのタンタンに合う階段《かいだん》を考え、ふたりで

タンタンの足あと 8

新しい階段《かいだん》を作りはじめたのです。

「今回はタンタンの現状《げんじょう》を考えて、傾斜《けいしゃ》を少し緩《ゆる》くして、階段《かいだん》の段数《だんすう》も4段《だん》から6段《だん》に増《ふ》やしました」

梅元《うめもと》さんは、本当はもう少し傾斜《けいしゃ》を緩《ゆる》やかにしたかったのですが、スペースの問題《もんだい》もあり、かわりに階段《かいだん》の段数《だんすう》を増《ふ》やすことにしました。

じつは中の寝台《しんだい》も、タンタンに合わせて、高さは低《ひく》く、寝《ね》やすいように幅《はば》を広く作り替《か》えていました。

上るのに使《つか》う石段《いしだん》も、石を寄《よ》せてさらに低《ひく》くすることで上りやすく。

こうして、タンタンの状況《じょうきょう》に合わせて、少しずつ設備《せつび》を変《か》えているのです。今度《こんど》の階段《かいだん》も、タンタンが危《あぶ》なくないように、木材《もくざい》の角を丸く削《けず》ったり、木が腐《くさ》りにくくするためにニスを塗《ぬ》ったり。相当《そうとう》こだわっているようです。

「新たな階段《かいだん》作りは吉田《よしだ》さんがメインでぼくがヘルプ。ふたりで少しずつ作《さ》業《ぎょう》しています。ぼくはこういう作業《さぎょう》が苦手《にがて》で……。吉田《よしだ》さんのこだわりがすごくて、いつも怒《おこ》られていますよ」

「そんなことないって、一緒《いっしょ》にしてもらって助《たす》かってます。ふたりで相談《そうだん》しながら作ってますよ」

吉田《よしだ》さんが笑《わら》うと、つられて梅元《うめもと》さんも笑《わら》います。

こうして完成《かんせい》した階段《かいだん》は、ふたりの手で外のやぐらに取《と》りつけられました。

新しいものを警戒《けいかい》するタンタンは、なかなか階段《かいだん》に近寄《ちかよ》ってくれません。

「タンタンは階段《かいだん》を全《まった》く気にしていませんね。しばらくは上らないんじゃないかなぁ」

梅元《うめもと》さんも諦《あきら》め顔です。

でも、階段《かいだん》を考案《こうあん》した吉田《よしだ》さんは諦《あきら》めていませんでした。

一度《いちど》上ろうとして諦《あきら》めたタンタンの姿《すがた》を見て、ちょっとした作戦《さくせん》を思いつき、試《ため》したのです。

それはやぐらの上に大好《だいす》きなサトウキビジュースを置《お》くこと。

きっかけは梅元《うめもと》さんの「そんなに上って欲《ほ》しいなら、ジュースを置《お》いてみたらいいんじゃない？」という一言。

それを聞いた吉田《よしだ》さんは「なるほど。鼻《はな》

が良《よ》いタンタンは、ジュースの匂《にお》いに気づくはず。そして階段《かいだん》を上るはず」

そう考えたのです。

「まぁ、ちょっとしたズルなんですけどね」と、笑《わら》う吉田《よしだ》さん。

まず、最初《さいしょ》にジュースを数滴《すうてき》、階段《かいだん》に垂《た》らしてみました。

するとジュースの匂《にお》いにつられたのか、数段《すうだん》だけ階段《かいだん》を上りました。しきりに匂《にお》いを嗅《か》いで、辺《あた》りを気にするタンタンを見て、次《つぎ》はやぐらの上にジュースを置《お》きました。

「階段《かいだん》を上るきっかけになればと思いました。なのにまさか、いきなり上ってくれるとは！　ぼくらふたりも驚《おどろ》きました」

梅元《うめもと》さんも笑《わら》います。

前日にタンタンが寝台《しんだい》の周辺《しゅうへん》をウロウロと回っていたため、チャンスかなと思い、階段《かいだん》の後ろにある小窓《こまど》から見ていたという吉田《よしだ》さん。

「上り下りには支障《ししょう》もなく良《よ》い感《かん》じです。100点満点《まんてん》のうちの70点くらいですね」

そう話しながらも、満足《まんぞく》そうです。

やぐらに上ったタンタンは、キョロキョロと周《まわ》りを見渡《みわた》したりして、なんだかなつかしがっているようにも見えました。

「まぁ、すぐに横《よこ》になってリラックスする辺《あた》りはタンタンらしいなと思いましたが」

梅元《うめもと》さんも特《とく》に呼《よ》んだりせずに、タンタンの気分に合わせたところ、4時間ほど外でのんびりと過《す》ごしたそうです。

こうしてタンタンは以前《いぜん》のように、大好《だいす》きなやぐらの上でお昼寝《ひるね》をしたりして過《す》ごせるようになりました。

お庭《にわ》でひなたぼっこ

体調《たいちょう》を優先《ゆうせん》して観覧《かんらん》中止となってからは、通路《つうろ》でフェンス越《ご》しに日なたぼっこをするか、休園日にお庭《にわ》に出るくらいしかできなかったタンタン。開園中《かいえんちゅう》でも、お客《きゃく》さんに姿《すがた》を見せずに日なたぼっこができるように、日なたぼっこをする通路《つうろ》の出入り口前には、お客《きゃく》さんの視線《しせん》を遮《さえぎ》る黒い幕《まく》がセットされていました。

まるで、平安時代《へいあんじだい》に貴族《きぞく》が姿《すがた》を見せないために使《つか》っていた御簾《みす》のようです。

ただ、やぐらに上れるようになったこともあり運動量《うんどうりょう》を増《ふ》やすことができること、そして「タンタンもきっと、晴れた日は外で過《す》ごす方が気持《きも》ちいいよね」と考えた飼育員《しいくいん》さんたちは、タンタンの為《ため》に新たなプレゼントを用意《ようい》しました。

それは白い遮《しゃ》へいシート。

パンダ館屋外《かんおくがい》の観覧通路《かんらんつうろ》外《そと》に鉄《てつ》パイプを立て、白い遮《しゃ》へいシートでお庭全体《にわぜんたい》が見えないように目隠《めかく》ししたのです。

「入園者《にゅうえんしゃ》の視線《しせん》を遮《さえぎ》ることで、時間を気にせずソウソウを出してあげることができるようになりました。吉田《よしだ》さんは特《とく》に、ソウソウを外に出したがるから」と、となりを見る梅元《うめもと》さん。視線《しせん》を受《う》けて吉田《よしだ》さんも「外で日光に当たったほうが、ソウソウも気持《きも》ちええでしょ？」と話します。

工事《こうじ》には休園日を含《ふく》む2日かかる予定《よてい》でしたが、工事《こうじ》の人たちの頑張《がんば》りによって1日で完成《かんせい》。翌日《よくじつ》から早速《さっそく》タンタンを外に出すこと

ができました。

囲《かこ》いができてからの数日間は、庭《にわ》へ出て周《まわ》りを見回しながら少し落《お》ち着《つ》かない様子《ようす》だったタンタン。

「順応力《じゅんのうりょく》が高いので大丈夫《だいじょうぶ》ですよ」

梅元《うめもと》さんの言うとおり、すぐに環境《かんきょう》に慣《な》れて、以前《いぜん》と変《か》わらず、お散歩《さんぽ》と日光浴《にっこうよく》を楽しめるようになりました。

トコトコとお庭《にわ》を一周《いっしゅう》したあと、お気に入りの岩にもたれてのんびり。とてもリラックスできているように見えます。

パンダは暑《あつ》さに弱いため、気候《きこう》が良《よ》い時《じ》期限定《きげんてい》にはなりますが、風や外の音などの

刺激《しげき》もあり、よいリフレッシュになりそうですね。

タイヤも大好《だいす》き

飼育員《しいくいん》さんたちの工夫《くふう》のおかげで、快適《かいてき》な毎日を過《す》ごすタンタン。じつは、お気に入りの遊《あそ》び道具《どうぐ》も持《も》っています。タンタンが座《すわ》れるくらいの大きなタイヤと、片《かた》あしで抱《かか》えられるくらいの小さなタイヤ。

梅元《うめもと》さんによると「安全《あんぜん》に配慮《はいりょ》して、首がしまったりしないように、顔にすっぽりハマらないサイズのタイヤを与《あた》えています」とのこと。

タイヤは手に入りやすく、持《も》ち運《はこ》びもしやすいことから、動物園《どうぶつえん》ではパンダ以外《いがい》にも動物《どうぶつ》の遊《あそ》び道具《どうぐ》として、よく使用《しよう》されているそうです。

タンタンの足あと 8

若《わか》い頃《ころ》はタイヤのほかに、竹筒《たけづつ》に穴《あな》を開《あ》けてエサを入れたフィーダーや、麻縄《あさなわ》を編《あ》んだボールでも遊《あそ》んでいました。

「昔《むかし》はタイヤを噛《か》んで遊《あそ》んでいたのが、いまはくわえて運《はこ》んだり、枕《まくら》のようにしていることが多いですね。手が届《とど》くところにタイヤがあると、落《お》ち着《つ》くのかもしれませんね。もう抱《だ》き枕《まくら》みたいなものなのかも」

いまは大きなタイヤに腰掛《こしか》けて、ソファのような使《つか》い方をすることが多いのですが、ときには小さなタイヤの真《ま》ん中から顔を出して、人気キャラクターのポ

ン・デ・ライオンならぬ『ポン・デ・タンタン』になったり、浮輪《うきわ》の様《よう》に小《こ》脇《わき》に抱《かか》えたりして遊《あそ》んでいます。

もうひとつお気に入りなのが、外への出入り口近くにある、枯《か》れ葉《は》を敷《し》き詰《つ》めたベッドです。

飼育員《しいくいん》さんからプレゼントされたというこの場所《ばしょ》にもタイヤが置《お》いてあり、枯《か》れ葉《は》の上でゴロゴロしながら、小さいタイヤを抱《かか》えて遊《あそ》ぶのが楽しいようです。ときにはどろだらけのままお部屋《へや》に入って、飼育員《しいくいん》さんや獣医師《じゅういし》さんたちに「どろんこやな～」と笑《わら》われながら、トレーニングや健診《けんしん》を受《う》けることもあります。

そもそも、おとなのパンダはあまり何かで遊《あそ》んだりはしないそうですが、タンタンは、何とも楽しそう。このときのタンタンは人間で言えば、もう80歳《さい》から90歳《さい》くらい。おとなになってからも全力《ぜんりょく》で楽しむことを忘《わす》れないタンタンを、見習《みなら》いたいですね。

タンタンの足あと

9

タンタンと育《そだ》てたひまわり

パンダ館《かん》に咲《さ》いたひまわり

タンタンが観覧《かんらん》中止になってから、パンダ館《かん》のまわりはひっそりと静《しず》まりかえっていました。

屋内展示場《おくないてんじじょう》へ続《つづ》く入り口も鉄《てつ》の扉《とびら》が閉《し》まっています。

お庭《にわ》には鉄《てつ》パイプで囲《かこ》いができ、周《まわ》りを覆《おお》うように白いシートが貼《は》られていて中が見えません。

その様子《ようす》を見た子どもが「パンダさんはいないの？」と残念《ざんねん》そうに去《さ》って行きます。

タンタンのファンの人たちがパンダ館《かん》の外で、そっとお庭《にわ》を見つめていることもありました。

そんな姿《すがた》を見て吉田《よしだ》さんは「何かみんなに楽しんでもらえるようなことは、

できないだろうか」と考えるようになりました。

そのうちにパンダ館《かん》の屋上《おくじょう》のことを思い出しました。

じつは、パンダ館《かん》の上には、なにもない広いスペースが広がっています。

「ここに花を植《う》えたらにぎやかになるのでは」

そう考えた吉田《よしだ》さんは、ひまわりの種《たね》を持《も》って来て、梅元《うめもと》さんに話しました。

「梅《うめ》ちゃん、植《う》えてもええかな」

「ええんちゃう?」

乗《の》り気の梅元《うめもと》さんに背中《せなか》を押《お》されて園に相談《そうだん》し、屋上《おくじょう》にひまわりを植《う》えられることになりました。

ただ、屋上《おくじょう》の土は薄《うす》く、雑草《ざっそう》もたくさん生えていて、とてもではありませんが、すぐに種《たね》をまける状態《じょうたい》ではありません。

このときは5月。ひまわりの種《たね》まきに良《よ》い時期《じき》は4月から6月です。まだ時間はありますので、まずは土作りからはじめることにしました。

土作りは意外《いがい》と重労働《じゅうろうどう》で、飼育員《しいくいん》さんたちだけでは人手が足りないため、園の広報《こうほう》さんも巻《ま》き込《こ》んで、屋上《おくじょう》にひまわりを植《う》えるプロジェクトがスタートしたのです。

最初《さいしょ》に、みんなで荒《あ》れ放題《ほうだい》だった屋上《おくじょう》の雑草《ざっそう》を抜《ぬ》いてから、花を植《う》えるのに必要《ひつよう》な土を運《はこ》びます。

ただ、屋上《おくじょう》へ上がるには、プールのふちについているような細くて垂直《すいちょく》のはしごを上らなくてはなりません。

日光を遮《さえぎ》るもののない屋上《おくじょう》は5月でもとても暑《あつ》く、重《おも》たい土を運《はこ》ぶだけで、じんわりと汗《あせ》が流《なが》れました。

種《たね》をまく場所《ばしょ》を作るため、運《はこ》んだ土をクワと手で耕《たがや》しました。

サクッ、サクッとくわを振《ふ》るいながら、梅元《うめもと》さんがたまらずつぶやきます。

「筋《きん》トレいらずだなぁ……」

そのうちひとりでたくさん耕《たがや》せる耕《こう》運機《うんき》が導入《どうにゅう》され、本格的《ほんかくてき》な『吉田農《よしだのう》

園《えん》』が誕生《たんじょう》。

「耕運機《こううんき》のおかげでキレイに耕《たが》やせて、作業《さぎょう》の時間も短縮《たんしゅく》されてよかったです」と満足《まんぞく》げな吉田《よしだ》さんを横目《よこめ》に、「めちゃくちゃ暑《あつ》いし、大変《たいへん》ですよ……」と、広報《こうほう》さんがぼやきます。

梅元《うめもと》さんは「吉田《よしだ》さんの趣味《しゅみ》です」と笑《わら》っていました。

タンタンも一緒《いっしょ》に

そして、ひまわりの肥料《ひりょう》の一部《ぶ》には、タンタンのうんこを使《つか》いました。

「中国ではパンダのうんこを肥料《ひりょう》にした木を使《つか》ったティッシュがあって。それを思い出したんです」

と梅元《うめもと》さん。

それにしても屋上《おくじょう》にうんこをまいて、匂《にお》いは大丈夫《だいじょうぶ》なのでしょうか。

「パンダはもともと肉食動物《にくしょくどうぶつ》だったときの名残《なごり》で腸《ちょう》が短《みじか》く、食べたものの約《やく》17パーセントしか消化《しょうか》できません。そのためパンダのうんこは、食べた竹の葉《は》がそのまま固《かた》まったような見た目で、匂《にお》いもさわやかな竹の香《かお》りなので問題《もんだい》ありませんよ」

こうしてタンタンも一緒《いっしょ》に、ひまわりを育《そだ》てることになりました。

それにしても、どうやってうんこを肥《ひ》料《りょう》にしたのでしょうか。

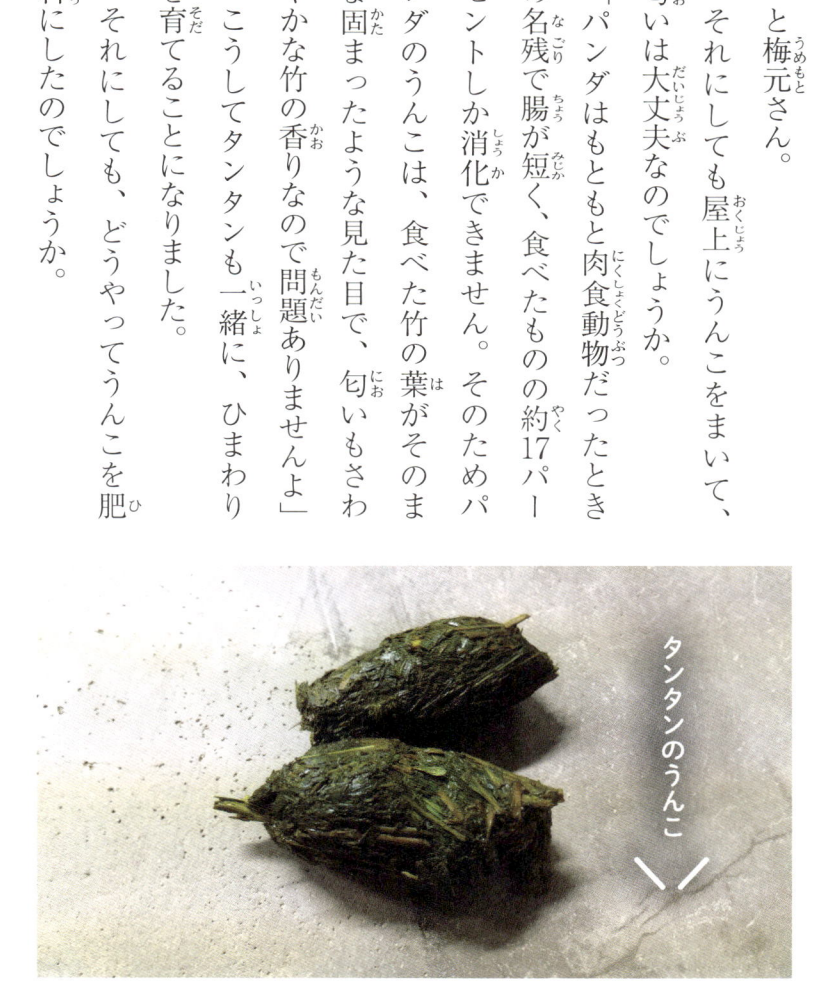

吉田《よしだ》さんによると「土をかき集《あつ》めてその上にうんこをまいて、ちょっと押《お》すようにして混《ま》ぜました」。

土とうんこを混《ま》ぜることによって、栄養豊富《えいようほうふ》で花を植《う》えるのにピッタリな土ができました。

こうして作った土を盛《も》って、畝《うね》を作っていきます。

畝《うね》とは、作物《さくもつ》を植《う》えるために土を平行《へいこう》に盛《も》り上げていくこと。

「畝《うね》を作ることで深《ふか》く根《ね》をはって、大きく育《そだ》てることができるんだよ」

吉田《よしだ》さんはそういって丁寧《ていねい》に土づくりをしました。

ひまわりの根《ね》は地中に向《む》かってまっすぐに成長《せいちょう》するため、ある程度深《ていどふか》さがある方が大きく育《そだ》つことができるのです。

パンダ館《かん》の屋上《おくじょう》に細長い土の山が、しま模様《もよう》のようにいくつもできました。

この畝《うね》に2センチほどの深《ふか》さの穴《あな》をあけて、ひとつひとつ丁寧《ていねい》に種《たね》を植《う》えていきます。「大きくなって、きれいな花を咲《さ》かせてくれよ」

そんな願《ねが》いを込《こ》めながら、みんな交代《こうたい》で毎日水やりをしていると、次々《つぎつぎ》と芽《め》が出てきました。

梅元《うめもと》さんは「やっぱり、芽《め》が出てきたときはうれしかったですね」と、目を細めます。

こうして、種《たね》を植《う》えて1か月ほどたった頃《ころ》、飼育員《しいくいん》さんたちが大事《だいじ》にお世話《せわ》をしたひまわりは、大輪《たいりん》の花を咲《さ》かせました。やぐらに上ってお昼寝《ひるね》をするタンタンの上にも、ひま

わりの花が見えます。

「本当は、花が全部《ぜんぶ》正面《しょうめん》を向《む》いて欲《ほ》しかったんだけど。でも、タンタンも見てくれているといいなぁ」と、吉田《よしだ》さんもうれしそう。

屋上《おくじょう》から梅元《うめもと》さんが、やぐらで寝《ね》ているタンタンの方を見つめます。

こうしてパンダ館《かん》のひまわりは『タンタンのひまわり』として、訪《おとず》れる人たちを楽しませてくれました。

みんなに託《たく》された種《たね》

そして、大きなひまわりはたくさんの種《たね》をつけ、その種《たね》はタンタン28歳《さい》の誕生日《たんじょうび》に園を訪《おとず》れる人たちにプレゼントされることになりました。飼育員《しいくいん》さんたちと広報《こうほう》さんが収穫《しゅうかく》した種《たね》を取《と》りだして袋《ふくろ》に詰《つ》めていきます。

中には、かわいいタンタンのシールも入れました。

「みんな、よろこんでくれるといいな。なぁソウソウ」

観覧通路《かんらんつうろ》から梅元《うめもと》さんが話しかけると、眠《ねむ》っていたタンタンが「そうね」

というように、うっすらと目を開《あ》けます。

小さな種《たね》を袋《ふくろ》に詰《つ》める作業《さぎょう》は大変《たいへん》でしたが、仕事《しごと》の合間をぬって、みんなで一生懸命《いっしょうけんめい》に詰《つ》めていきました。

種《たね》を配《くば》ることが決《き》まり、園の公式《こうしき》SNS《エスエヌエス》などで告知《こくち》したところ、お誕生日《たんじょうび》当日にはたくさんのファンが集《あつ》まりました。

みんなタンタンのひまわりの種《たね》が欲《ほ》しいのです。

「7時頃《ごろ》に見たらもう何人か並《なら》んでいる人がいて、ビックリしました」

梅元《うめもと》さんは目をまるくして話します。

この日来園した人の中には「タンタンに会うことはできないけど、少しでも近くでお祝《いわ》いしたい」と、北海道や東京など遠くからやってきた人もいました。

みんな本当にタンタンのことが大好《だいす》きなのですね。

そして、残《のこ》った種《たね》は、またみんなで吉《よし》田《だ》農園《のうえん》に植《う》えました。

もう少しあとでお話ししますが、タンタンは3月に亡《な》くなってしまいます。でもそのあとも、芽《め》が出るのを飼育員《しいくいん》さんもタンタンのファンも、楽しみにしていました。

ところが、鳥が土を掘《ほ》り返《かえ》して種《たね》をほとんど食べてしまったのです。

「植《う》えつけが浅《あさ》かったんかなぁ」

吉田《よしだ》さんは、ほんとうにがっかりした

のですが、こんなことでタンタンのひまわりはなくなりません。

種《たね》を受《う》け取《と》った人たちが植《う》えたひまわりが、次々《つぎつぎ》と大きくなって開花《かいか》する様子《ようす》がＳＮＳ《エスエヌエス》にたくさんアップされたのです。

その様子《ようす》を見て、吉田《よしだ》さんは感激《かんげき》しました。

「こっちはアカンかったけど、みんなが広げてくれてうれしい。ひまわりを見て、タンタンを思い出してくれたらうれしいなぁ」

タンタンのひまわりは、みんなが植《う》えたことで全国《ぜんこく》に広がりました。

そして、タンタンがいなくなったパンダ館《かん》の屋上《おくじょう》にも数輪《すうりん》だけ、ひまわりの花が咲《さ》きました。

種《たね》が残《のこ》っていたのでしょうか。

通りかかったお客《きゃく》さんが「タンタンが見に来てくれたのかな」と話しています。

「屋上《おくじょう》以外《いがい》の場所《ばしょ》にもいくつか植《う》えてるから、見に行ってみて」と吉田《よしだ》さんに聞いて、私《わたし》も園内でひまわりを探《さが》してみました。

ひとつは、タンタンが登場《とうじょう》するお庭《にわ》の出入り口。オレンジの小さな花が揺《ゆ》れています。そしてタンタンがよくもたれていた岩の近く。

タンタンがいなくなってからは、お庭《にわ》も目隠《めかく》しが取《と》られて公開《こうかい》されていました。眺《なが》めていた人も「まるで、いつもの場所《ばしょ》にタンタンが座《すわ》っているみたい」と笑顔《えがお》です。

そしていくつかはパンダ館《かん》で鉢《はち》植《う》えに。あとは北園にあるカンガ

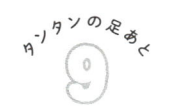

ルーの家の上にも。

ひまわりを見つけた人が「あれ、あんな所《ところ》に花畑《はなばたけ》があるよ、キレイだねぇ」、「黄色いからすごく目立つね」と話しています。

パッと明るい色で目につくひまわりは、まるでタンタンが「アタシはここにいるわよ」と言っているよう。

こうしてタンタンのひまわりは、タンタンがいなくなったあとも、いろいろな場所《ばしょ》でキレイに咲《さ》いてたくさんの人を楽しませてくれているのです。

タンタンの足あと

10

ありがとう、タンタン

飼育員《しいくいん》さんたちとの日々《ひび》

さて、話をタンタンの日常《にちじょう》に戻《もど》しましょう。

タンタンに心臓疾患《しんぞうしっかん》の症状《しょうじょう》が出てからは、園では中国ジャイアントパンダ保護研究《ほごけんきゅう》センターや、連携協定《れんけいきょうてい》を締結《ていけつ》している大阪《おおさか》公立大学からも助言《じょげん》をもらっていました。

さらに中国からも飼育員《しいくいん》と獣医師《じゅういし》が来日し、タンタンの様子《ようす》を観察《かんさつ》したり、治療《ちりょう》の助言《じょげん》をしたりしていました。

タンタンのために結成《けっせい》された『チームタンタン』の誕生《たんじょう》です。

タンタンはこのチームタンタンに支《ささ》えられながら、日々《ひび》の生活を送《おく》っていましたが、そのうちついに、竹や固形《こけい》のエサを食べなくなってしまいました。

この頃《ころ》は飼育員《しいくいん》さんたちがサトウキビジュースに栄養剤《えいようざい》や、赤ちゃんパンダに与《あた》える栄養豊富《えいようほうふ》なパンダミルクを混《ま》ぜて与《あた》えることで、何とか毎日を過《す》ごせていたのです。

そして2024年3月のある休園日のことです。

久《ひさ》しぶりにお庭《にわ》を散歩《さんぽ》して、とても活発《かっぱつ》に動《うご》いていたタンタンでしたが、このあと、薬入《くすりい》りのジュースを飲《の》まなくなってしまいました。

あげても「いま気分じゃないの」と言うように、顔を背《そむ》けてしまいます。

梅元《うめもと》さんは「いつもの気まぐれかな？」と思い、無理《むり》には飲《の》ませんでしたが、翌日《よくじつ》もタンタンはジュースを飲《の》もうとしませんでした。ジュースには薬《くすり》だけではなく、食事代《しょくじが》わりのさまざまな栄養《えいよう》も入っていますので、これを飲《の》まないとタンタンも力が出ません。

そして3月20日には、公式《こうしき》X《エックス》で毎日タンタンの様子《ようす》を発信《はっしん》していた『#きょうのタンタン』の休止も発表《はっぴょう》されました。

『#きょうのタンタン』を主《おも》に更新《こうしん》していた梅元《うめもと》さんは、「投稿《とうこう》を見て、みんなに温《あたた》かい気持《きも》ちになってもらいたいというのがスタートだったため、自分もそういう気持《きも》ちになれないときですし、治療《ちりょう》に専念《せんねん》するためにも園と相《そう》談《だん》して中止しました」と話します。

その後、タンタンはほとんど動《うご》かなくなり、寝《ね》ている時間が長くなりました。

タンタンの足あと 10

最初《さいしょ》は水を飲《の》みに行ったり、少し室内をウロウロしたりすることもありましたが、それもなくなり、うんこやおしっこも寝《ね》たまま、その場でするようになってきました。

「いつもなら寝台《しんだい》ではしないのに。体がしんどいのかなぁ」

いつもと違《ちが》う様子《ようす》に、梅元《うめもと》さんも心配《しんぱい》になりました。

エサを食べず、動《うご》かないタンタンは免疫力《めんえきりょく》も低下《ていか》しています。感染症《かんせんしょう》などの危険《きけん》もあるため、寝《しん》台《だい》を清潔《せいけつ》に保《たも》つために、タンタンの

下におしっこを吸《す》い取《と》るペットシーツが敷《し》かれました。梅元《うめもと》さんはタンタンに声をかけながら、やさしく体をマッサージしてあげました。

「良《よ》い刺激《しげき》になるから、マッサージしてあげるといいよ」

と中国人の獣医師《じゅういし》さんが教えてくれたのです。

吉田《よしだ》さんも「ソウソウ」と、飼育員《しいくいん》さんたちがいつも呼《よ》んでいる名前でタンタンを呼《よ》びます。そして、うっすら目を開《あ》けたタンタンの体を、やさしくさすってあげます。

いつもは近くに寄《よ》りすぎると「ガウッ！」と怒《おこ》られてしまうのですが、このときばかりは怒《おこ》られることはありませんでした。

ときにはシリンジにジュースを入れて、飲《の》ませようとしたこともありました。シリンジとは筒《つつ》の部分《ぶぶん》だけの注射器《ちゅうしゃき》のことで、ピストンを押《お》すと先の部《ぶ》分《ぶん》から少しずつ、中に入れた液体《えきたい》が出てきます。

タンタンの口もとへ持《も》っていくと一応《いちおう》はペロペロとなめるものの、「いま飲《の》みたくないって言ってるでしょ!」みたいなイヤな顔をしたので、あげるのをやめました。

「本当にむずかしい子です」

梅元《うめもと》さんも困《こま》り顔です。

「せめてジュースだけでも飲《の》んでくれたら」

「ガウッ!　って言ってもいいから、元気出してよ」

ふたりの飼育員《しいくいん》さんたちは、心の中でそう願《ねが》っていました。

そして、ジュースをほとんど飲《の》まなくなったために、点滴《てんてき》で栄養《えいよう》を補給《ほきゅう》することになり、この頃《ころ》から、飼育員《しいくいん》と獣医師《じゅういし》の泊《と》まり込《こ》みによる24時間の見《み》守《まも》り体制《たいせい》が敷《し》かれるようになりました。

梅元《うめもと》さんと吉田《よしだ》さんも、他《ほか》の飼育員《しいくいん》さんと交代《こうたい》でパンダ館《かん》に泊《と》まり込《こ》み、タンタンの様子《ようす》を見守《みまも》りました。

また明日ね

タンタンに変化《へんか》が現《あらわ》れたのは、3月31日の夜のことでした。

仕事《しごと》を終《お》えた梅元《うめもと》さんが、タンタンの様子《ようす》を見に行くと、いつもは寝《ね》ていることが多いタンタンが、この日は起《お》きていました。

寝《ね》ているときは起《お》こさないようにそっと帰っていたのですが、この日は目が開《あ》いていたため、梅元《うめもと》さんは「じゃあ、また明日ね」と、声をかけて帰宅《きたく》しました。

泊《と》まりの当番ではなかった吉田《よしだ》さんも、同じくタンタンの様子《ようす》を見てから家に帰ります。

この日の夜遅《よるおそ》く、泊《と》まりの飼育《しいく》員《いん》が下に敷《し》いたペットシーツを替《か》えてあげようとしたときです。

「タンタンが、全然動《ぜんぜんうご》かない！」

と異変《いへん》に気づいて、同じく泊《と》まり

の獣医師《じゅういし》を呼《よ》びました。

帰宅《きたく》していた梅元《うめもと》さんと吉田《よしだ》さんにも連絡《れんらく》が入り、あわててパンダ館《かん》へと駆《か》けつけると、タンタンはすでに寝室《しんしつ》から処置室《しょちしつ》へと運《はこ》ばれ、獣医師《じゅういし》が薬《くすり》の準備《じゅんび》や心肺蘇生《しんぱいそせい》処置《しょち》を行っていました。

獣医師《じゅういし》の指示《しじ》で梅元《うめもと》さんもタンタンにまたがり、心臓《しんぞう》マッサージをはじめます。

「まさか、練習《れんしゅう》が役《やく》に立つ日が来るなんて……」

じつに、タンタンに何があった

ときの為《ため》にと、獣医師《じゅういし》の指導《しどう》のもと、練習《れんしゅう》していたのです。

おかげで、手のあて方や場所《ばしょ》、リズムもしっかりと行うことができました。

「何とか心臓《しんぞう》が動《うご》いてくれれば……とにかく今できることをしよう！」

梅元《うめもと》さんは無心《むしん》でマッサージを続《つづ》け、疲《つか》れたら吉田《よしだ》さんと交代《こうたい》します。

吉田《よしだ》さんも「復活《ふっかつ》して欲《ほ》しい！」と思いながら、何度《なんど》も心臓《しんぞう》の動《うご》きを表《あらわ》すモニターの方を見ながら心臓《しんぞう》マッサージを続《つづ》けました。

心臓《しんぞう》の動《うご》きが弱くなり、まっすぐになってしまったモニターの線が上へ動《うご》くことを期待《きたい》していたのです。

こうして、１時間ほどマッサージをしていたでしょうか。

「これ以上《いじょう》は、もうやめましょう」

獣医師《じゅういし》とみんなの判断《はんだん》で、心臓《しんぞう》マッサージが中止されました。

そして11時56分。タンタンはみんなの懸命《けんめい》な蘇生処置《そせいしょち》に反応《はんのう》を示《しめ》すことなく、そのまま息《いき》を引き取《と》りました。

まだ温《あたた》かみの残《のこ》るタンタンを「1分1秒《びょう》でも早く、処置室《しょちしつ》ではなく、ちゃんとした所《ところ》で寝《ね》かせてあげたい」と思った梅元《うめもと》さんは、寝室《しんしつ》へとタンタンを移動《いどう》させてあげました。

そのまま、いつものように「また明日ね」と声をかけてあげることもできず、もう動《うご》くことがないタンタンを見つめていました。

もう一度《いちど》会いたかった

タンタンが亡《な》くなったことは、翌日《よくじつ》の4月1日に発表《はっぴょう》されました。

その日はエイプリルフールだったため、みんなが「うそでしょう?」と思いました。

タンタンの足あと 10

うそだったらどんなに良《よ》かったことでしょう。

そして、パンダ館《かん》の屋内観覧通《おくないかんらんつう》路《ろ》には献花台《けんかだい》が設《もう》けられました。

屋内展示場《おくないてんじじょう》にあるタンタンの寝《しん》台《だい》には、桜《さくら》を背景《はいけい》においしそうに竹を頬張《ほおば》るタンタンの写真《しゃしん》が飾《かざ》られ、好物《こうぶつ》のりんごやブドウも並《なら》べられました。

この日は、飼育員《しいくいん》さんがタンタンのために探《さが》していたタケノコも届《とど》きました。

「いつも食べていた淡河《おうご》のものは、

まだ時期《じき》ではなかったのですが、別《べつ》の所《ところ》のタケノコが手に入ったんです」

梅元《うめもと》さんはそう言って、タンタンの寝台《しんだい》にタケノコをお供《そな》えしました。

本当は大好《だいす》きなタケノコを、生きている間に少しでも食べさせてあげたかったのです。

そのうち、愛用《あいよう》のブラシやジュースを飲《の》んでいたフライパンも寝台《しんだい》に並《なら》べられました。

ニュースを聞いたファンをはじめ、園を訪《おとず》れた人々《ひとびと》が、絶《た》えることなく献《けん》花《か》に訪《おとず》れます。

献花台《けんかだい》に置《お》ききれなくなった花は、飼育員《しいくいん》さんや園の職員《しょくいん》の人たちの手によって寝台《しんだい》の周《まわ》りに並《なら》べられました。

カラフルな花がすきまなくびっしりと並《なら》べられたその様子《ようす》は、まるで花畑《はなばたけ》のよう。

小さな女の子が「お花がパンダさんを守《まも》ってるんだねぇ」と話しています。

タンタンの足あと 10

タンタンを象徴《しょうちょう》するひまわりの花も多く贈《おく》られ、近くの生花店から、一時期《いちじき》ひまわりが品薄《しなうす》になるほどでした。

そして、５月10日に行われたタンタンの追悼式《ついとうしき》には、園の関係者《かんけいしゃ》をはじめとして報道関係者《ほうどうかんけいしゃ》や、混乱《こんらん》を防《ふせ》ぐために抽選《ちゅうせん》で選《えら》ばれたファンなど約《やく》１６０人が参加《さんか》しました。

この日は抽選《ちゅうせん》に漏《も》れて中に入れなかった人たちも動物園《どうぶつえん》を訪《おとず》れ、

思い思いの場所《ばしょ》でタンタンのことを想《おも》っていました。

会場にはりっぱな祭壇《さいだん》が作られ、その真《ま》ん中に大きなタンタンの写真《しゃしん》が飾《かざ》られています。

会場には淡河《おうご》の竹取《たけとり》の翁《おきな》たちの姿《すがた》もあり、たくさんの人に囲《かこ》まれて、とてもにぎやかな式《しき》になりました。

追悼式《ついとうしき》のあとに行われたインタビューで梅元《うめもと》さんはこう話しました。

「3年間、君《きみ》は本当によく頑張《がんば》った……。タンタンは亡《な》くなったけど、そういうパンダがいたっていうことを覚《おぼ》えていてほしいです」

吉田《よしだ》さんも、涙《なみだ》でぬれた目で、

「タンタンのこと忘《わす》れないで。いろんなときに思い出してもらえたらうれしい」

薬《くすり》や治療方法《ちりょうほうほう》などをいろいろ模索《もさく》してくれた獣医師《じゅういし》さんたちには、感謝《かんしゃ》の気持《きも》ちしかないというふたりは、やりきった感《かん》からか、晴れ晴れとした顔をしていました。

今でもパンダ館《かん》は、タンタンやコウコウの思い出と一緒《いっしょ》に公開《こうかい》されています。

タンタンのことを思い出しながら、吉田《よしだ》さんが「夢《ゆめ》の中でもいいから、もう一度《いちど》元気な姿《すがた》が見たいなぁ」とつぶやきます。

「写真《しゃしん》を見ていると、いろんなことを思い出しますよね」

梅元《うめもと》さんは、タンタンが亡《な》くなったあとも、公式《こうしき》X《エックス》で『#たんたんさんとの思い出』として、タンタ

梅元《うめもと》さん

吉田《よしだ》さん

ンと過《す》ごした日々《ひび》を発信《はっしん》していま
す。
タンタンはいなくなってしまい
ましたが、みんなの心にたくさん
の思い出を残《のこ》してくれました。
だから今でも、私《わたし》たちはタンタ
ンがパンダ館《かん》でのんびりと過《す》ごし
ている様子《ようす》を思い出しては、暖《あたた》か
い気持《きも》ちになることができるので
す。
そして、タンタンの治療《ちりょう》の記録《きろく》
は、これから多くの老齢《ろうれい》パンダの
治療《ちりょう》に役立《やくだ》つことでしょう。

タンタン、本当にありがとう。

タンタンというパンダがいたこと、楽しかったこと、元気《げんき》づけられたことを、ふとした瞬間《しゅんかん》に思い出すことで、私《わたし》たちはまた、心の中で彼女《かのじょ》に会えるのです。

参考

タンタンの足あと1

神戸新聞ＮＥＸＴ「旦旦的二十年（33）ようこそ神戸へ（下）　名前公募、最多は「短短」だった」
（https://www.kobe-np.co.jp/news/society/202208/0016451299.shtml）

神戸新聞ＮＥＸＴ「旦旦的二十年（31）ようこそ神戸へ（上）「震災復興にパンダを」市が誘致」
（https://www.kobe-np.co.jp/news/society/202208/0016451293.shtml）

神戸新聞ＮＥＸＴ「旦旦的二十年　２００７年7月　一般公開始まる」
（https://www.kobe-np.co.jp/rentoku/tantan/202006/p3_0013425310.shtml）

タンタンの足あと4

水曜日のお嬢様「動物園のパンダが思わず悶絶しちゃった「レアな瞬間」」
（https://gendai.media/articles/-/82407?_gl=1*1bd9sah*_gcl_au*MTgwNDQ3MjY2NS4xNzIxNDUxNjgy）

あとがき

私《わたし》がジャイアントパンダの魅力《みりょく》に取《と》りつかれたのは、赤ちゃんの名《な》づけ親となり、その特典《とくてん》として間近で対面《たいめん》してからでした。

目の前の赤ちゃんパンダはとてもかわいらしく、白と黒のフワフワのモコモコ。神様《かみさま》は、なんという罪深《つみぶか》い生き物《もの》を作ったのか……（グッジョブ！）。

それ以来《いらい》、すっかりパンダの魅力《みりょく》にハマり、気がつけばパンダライターという仕事《しごと》につき、これまで、パンダに関《かか》わるいろいろな人にパンダのお話を聞くことができました。

この本も、タンタンのお世話《せわ》をしていた飼育員《しいくいん》さんたちに、直接《ちょくせつ》お話をうかがって書いていますが、みなさんは実《じつ》に生き生きとタンタンのことを教えてくれました。

好《す》きな物《もの》、好《す》きなこと、嫌《きら》いなこと。

そしてとても表情《ひょうじょう》が豊《ゆた》かだということ。

好《す》きな味《あじ》でないものが出たときや、トレーニングでやりたくない顔のポーズを指示《しじ》されたときは、タンタンもバッチリ顔に出ていたようです。

とはいえ、パンダにも、個体《こたい》によって見た目や性格《せいかく》に違《ちが》いがあります。

パンダのことを書いていると、よく「顔の見分けがつくの？」と聞かれることがあるのですが、私《わたし》も最初《さいしょ》はどれがどの子なのかさっぱりでした。

でもいったん好《す》きになると、それぞれの個性《こせい》が見えてきて、自然《しぜん》と顔の見分けもつくようになります。

ファンの中には「推《お》しパンダ」がいる方もいて、足しげく現場《げんば》に通っています。現在《げんざい》中国にいるシャンシャンやリーリーとシンシンの所《ところ》へも、数多くの日本のファンが足を運《はこ》び、現地《げんち》のファンとも交流《こうりゅう》を深《ふか》めているのですから、パンダが「特別《とくべつ》な外交官《がいこうかん》」と呼《よ》ばれるのも納得《なっとく》です。

本書に登場《とうじょう》するタンタンも、中国の基地《きち》からはるばる日本へとやってきました。

そして愛《あい》くるしい姿《すがた》で、阪神淡路大震災《はんしんあわじだいしんさい》で傷《きず》ついた神戸《こうべ》の人々《ひとびと》や地震《じしん》で親を亡《な》くした子どもたちにも、笑顔《えがお》と元気をくれました。

タンタン自身《じしん》にそんなつもりはないかもしれません。

でも、毎日をめいっぱい生き、病気《びょうき》になってからも一生懸命《いっしょうけんめい》トレーニングをする姿《すがた》に、はげまされた人も多いのです。

現在《げんざい》、日本でパンダを見られる場所《ばしょ》と言えば、東京の恩賜上野動物園《おんしうえのどうぶつえん》、和《わ》歌山《かやま》のアドベンチャーワールド、この2箇所《かしょ》だけです。

中国の南西部《ぶ》には野生のパンダも生息《せいそく》していますが、人間による森林開発《かいはつ》や密猟《みつりょう》などで数を減《へ》らし、絶滅《ぜつめつ》の恐《おそ》れが高い動物《どうぶつ》として、ワシントン条約《じょうやく》によって商業目的《しょうぎょうもくてき》の取引《とりひき》が規制《きせい》されています。

「これではいけない」と立ち上がった人々《ひとびと》によって、保全《ほぜん》や繁殖《はんしょく》の研究《けんきゅう》が行われましたが、その数は飼育《しいく》下で約《やく》757頭、野生では1900頭近く(2024年)と決《けっ》して多くはありません。

現在《げんざい》もパンダなどの野生動物《どうぶつ》を守《まも》る取《と》り組みは続《つづ》けられていますが、継続《けいぞく》するためには多くの人の助《たす》けが必要《ひつよう》です。

最初《さいしょ》は「かわいい!」から、少しずつ「知りたい」へ。

この本を入り口のひとつとして、少しでもパンダという動物《どうぶつ》に、興味《きょうみ》をもってもらえれば……。そして神戸《こうべ》にもパンダがいて、みんなを元気づけてくれたこと。タンタンというパンダのことを、覚《おぼ》えていてもらえるとうれしいです。

なお、タンタンの写真《しゃしん》に関《かん》しては、イメージで入れている箇所《かしょ》もあり、本文の時系列《じけいれつ》と異《こと》なる点やキャプションが実態《じったい》と異《こと》なる場合もありますが、ご了承《りょうしょう》ください。

最後《さいご》にこの本を執筆《しっぴつ》するに当たってお話を聞かせてくださった、飼育員《しいくいん》の兼光秀泰《かねみつひでやす》さん、坂本健輔《さかもとけんすけ》さん、梅元良次《うめもとりょうじ》さん、吉田憲一《よしだけんいち》さん、広報《こうほう》の尾上勝《おのえかつ》利《とし》さん、そして神戸市立王子動物園《こうべしりつおうじどうぶつえん》のみなさんに、この場を借《か》りてお礼《れい》を申《もう》し上げます。本当にありがとうございました。

二木繁美《にきしげみ》

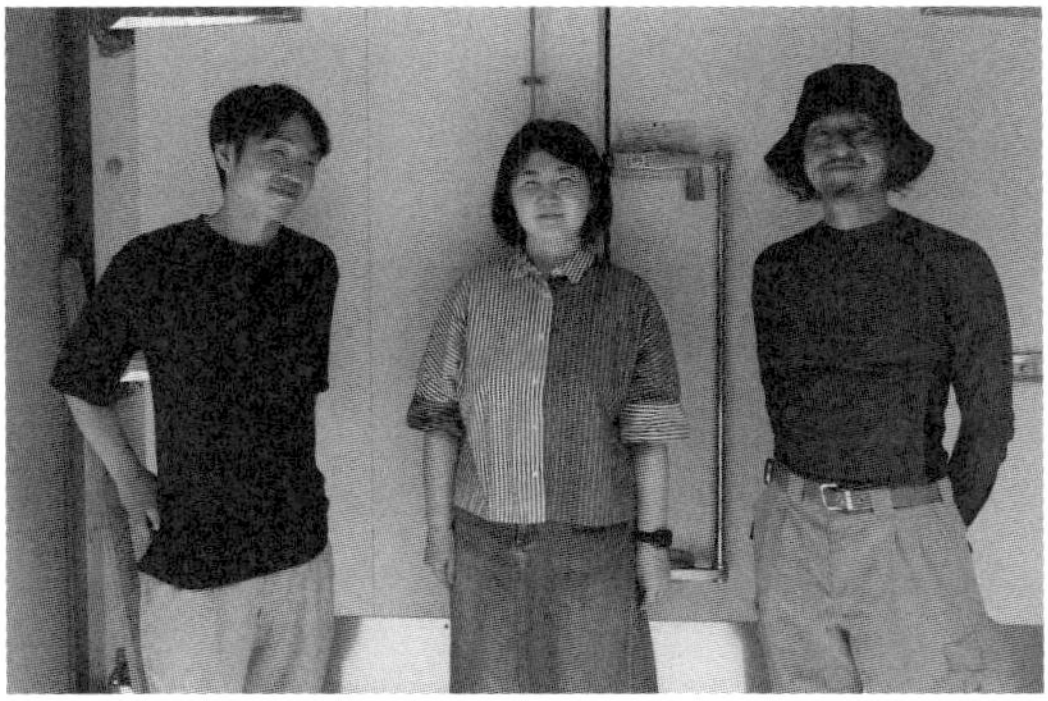

二木繁美（にき・しげみ）
パンダライター。パンダがいない愛媛県出身。パンダのうんこを嗅ぎ、パンダ団子を食べた、変態と呼ばれるほどのパンダ好き。和歌山アドベンチャーワールドのパンダ「明浜（めいひん）」と「優浜（ゆうひん）」の名付け親。美術系の短大を卒業後、グラフィックデザイナーを経て、パンダライター・イラストレーターとして活動中。

協力　神戸市立王子動物園
校正　有限会社シーモア
装丁　中嶋香織

きずなのパンダ タンタン
「日本一」の頑張り屋さん・復興を後押ししたアイドル

2025年3月初版　　2025年6月第2刷

文　　　二木繁美
発行者　岡本光晴
発行所　株式会社あかね書房
〒101-0065　東京都千代田区西神田 3-2-1
電話　営業(03)3263-0641　編集(03)3263-0644
印刷　　中央精版印刷株式会社
製本　　株式会社ブックアート

NDC916　175ページ　21cm × 16cm

ISBN978-4-251-07320-4